자.유.롭.게.
사랑하고
치.열.하.게.
성공하라

자.유.롭.게.
사랑하고
치.열.하.게.
성공하라

왕카이린 지음 | 정유희 옮김

천재의 영혼을
사로잡고
세상을 지배한
비범한 여성들

틔움

황금사과를 들고 달리는 여성들

그리스와 로마의 신화 속 여신들은 남신들이 절대적인 권력과 명성을 독차지하는 것을 허용하지 않았다. 그녀들은 미, 사랑, 청춘, 건강, 예술, 과학, 지혜, 사냥, 곡식, 계절, 혼인, 생육, 승리, 복수 등 다양한 분야에서 각자 강력한 권력을 행사했다.

아탈란타Atalanta 역시 사냥의 여신이었다. 그녀는 누구보다 날랜 사냥꾼이었다. 그리고 그녀의 건강하고 탄력적인 몸매는 그리스는 물론 주변 나라 모든 청년들의 눈길을 사로잡았다. 아탈란타를 본 청년들은 모두 그녀의 마음을 얻고 싶어 했다. 그러자 그녀가 제안을 했다. "달리기 경주에서 나를 이기는 청년과 결혼하겠다. 하지만 질 경우 목숨을 내놓아야 한다."

그리스에서 가장 용맹하고 잘생긴 청년 멜라니온Melanion은 힘도 세고 지혜로웠다. 달리기 경주에서 아탈란타를 이기기 힘들다고 생각한 그는 미와 사랑의 여신 아프로디테에게 도움을 청했다. 아프로디테는 그에게 황금사과 세 개를 주었다. 멜라니온은 황금사과 세 개를 숨긴 채 경주를 시작했고, 아탈란타가 자신을 앞서려 할 때마다 황금사과를 그녀 앞에 던졌다. 눈앞에서 반짝이는 황금사과, 그 유혹을 견디지 못한 아틀란타는 속도를 늦춰 그것을 주웠고, 결국 근소한 차이로 패배해 멜라니온의 신부가 되었다.

세 개의 황금사과는 각각 아름다움, 우아함, 즐거움을 상징한다. 이것들은 세상을 향해 나아가는 여성의 의지를 꺾거나 그들의 발목을 붙잡는다. 덕분에 멜라니온은 아탈란타와의 경쟁에서 이길 수 있었다. 이때부터 남성은 어떤 형태의 경쟁에서도 다시는 아탈란타와 같은 여성 라이벌과 마주치지 않게 되었고, 여성에게 패배하는 일이 없어졌다. 그러나 세상일이란 알 수 없다. 15세기 초반 프랑스를 구원한 잔 다르크Jeanne d'Arc의 등장은 신성한 남성의 권력을 위협하는 듯 했다. 그녀는 바람보다 빨랐던 아탈란타가 부활한 것처럼 보였다. 그녀는 지도자 없이 방황하는 프랑스 군중을 지휘하며 백년전쟁을 승리로 이끈 국가적인 영웅이었지만, 결국 '악마의 화신' '사악한 마녀'라는 누명을 쓰고 화형대에서 비참한 죽음을 맞이했다.

남녀는 본래 서로 돕고 의지하는 관계다. 그러나 남성우월사회에서 게임의 법칙은 달랐다. 남성이 여성을 억압해온 지난 수천 년 동안 세계 곳곳에서는 여성에 핍박하는 비참한 사건들이 수도 없이 많이 일어났다. 그러나 역사의 발전을 가로 막을 수는 없었다. 20세

기에 이르러 여성들에게는 새로운 기회가 제공되기 시작했고 수많은 여성들이 더 높은 곳을 향해 힘차게 발돋움했다.

마거릿 대처는 정치 분야에서 탁월한 능력을 발휘했고, 철학과 심리학 분야에서는 시몬 드 보부아르와 루 살로메가 기념비적 업적을 남겼다. 예술 분야에서는 이사도라 던컨, 오드리 헵번, 엘리자베스 테일러 등이 그 이름을 빛냈다.

20세기의 아탈란타들 역시 목표를 향해 달려가는 도중 갖가지 유혹과 맞닥뜨렸다. 그러나 그녀들은 속도를 늦추고 황금사과 세 개를 주워 든 후 다시 힘껏 달렸다. 잠깐 뒤처지긴 했지만, 뒷심을 발휘해 전력질주하며 앞서 달리는 수많은 남성들을 추월했다. 현대의 아탈란타들은 이제 멜라니온에게 지지 않는다. 남성이 던지는 황금사과는 더 이상 매력적이지 못하다. 아무것도 얻는 것 없이 사과만 내준 격이 되었다.

왕카이린 王開林

여성의 이름을 바로잡은

시몬 드 보부아르

1908년 1월 9일 ~ 1986년 4월 14일

국적 프랑스

가정환경 중산층

부친 조지 드 보부아르(Georges Bertrand de Beauvoir, 사업가)

모친 프랑스아즈 보부아르(Françoise Brasseur, 은행가의 딸)

배우자 장 폴 사르트르(Jean-Paul Sartre, 문학가, 철학가)

자녀 1녀(양녀)

직업 교수, 문학가, 철학가

영예 공쿠르 상 수상

명언 여성은 자신의 약점이 아닌 능력으로 사랑해야 한다.

SIMONE DE BEAUVOIR

페미니즘의 불을 훔친, 여자 프로메테우스

시몬 드 보부아르. 그녀에게는 수많은 꼬리표가 붙어 다녔다. 사상 유일의 여성 철학자, 20세기의 가장 강인한 여성, 천재, 제2의 조르주 상드George Sand(18세기 여성 소설가. 남장, 쇼팽과의 연애로 유명하다. 선각적 여성해방가이기도 하다.), 페미니즘의 불을 훔친 여자 프로메테우스, 계약결혼의 창시자, 성적 매력이 결핍된 여자, 요부, 색정광Nymphomania, 레즈비언, 유산을 수백 번 한 여자, 숨겨둔 아이가 있는 여자……

그녀를 칭송하거나 비난하는 이 같은 수식어들은 모두 하나의 사실을 전제로 한다. 그녀가 일찍이 콜리지Samuel Taylor Coleridge(18~19세기에 활동한 영국 낭만주의 시인이자 비평가)가 열광했던 양성구유兩性具有의 두뇌를 지녔다는 점이다. 이 두뇌는 온전한 여성이나 온전

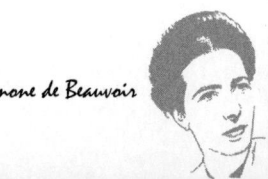

Simone de Beauvoir

한 남성의 두뇌보다 강함과 부드러움, 지혜와 용기를 두루 갖추고
있다. 이러한 두뇌를 가진 이들의 사고방식은 상식을 뛰어넘으며,
행동방식은 세상을 놀라게 하고, 독립과 자유와 쾌감을 추구하는
성향이 강하다.

천둥과 번개가 치고 모래바람이 휘몰아쳐도 보부아르는 두려워
하지 않았다. 그녀의 회고록 제3권《나이의 힘La Force de l'age》에는 자
신에 대한 강한 자부심이 드러나 있다.

> 나는 괴팍하고 완고한 광인이다. 사람들은 내가 극도로
> 방탕하다고 말한다. 1945년에 한 여성이 내가 젊은 시절 루
> 앙에서 스트립 댄스를 추고 있는 모습을 목격했다고 한다.
> 그리고 내가 굳이 온갖 악습을 체험하려 했으며 오랫동안
> 방탕하고 무절제하게 살았다고 한다.
>
> 두 번째 나의 이미지는 굽 낮은 신발을 신고 머리를 정갈
> 히 빗어 넘긴 여성 지도자이자 목사이다. 나는 삶에서 독서와
> 저술을 빼놓고는 살 수 없는 순수한 지식인이며 학문을 제외
> 하면 삶에 대해 아는 것이 거의 없다.
>
> 물론 이 두 가지 이미지를 합치더라도 결코 모순되지 않
> 는다. 나는 높은 학식과 경륜을 지닌 창녀가 될 수도 있고 지
> 옥 끝까지 타락한 엘리트가 될 수도 있다. 중요한 점은 내 이
> 미지가 평범해서는 안 된다는 것이다. 나는 작가이다. 한 명

의 여성작가. 여성작가란 글을 잘 쓰는 주부가 아닌 글쓰기가 삶의 전부인 사람을 의미한다. 하지만 그 삶은 다른 이들과 별반 다르지 않다. 이런 삶에는 그 자체의 전제조건, 질서, 목표가 있다. 이런 삶이 일반적인 규범을 벗어났다고 생각한다면 오해다. 설마 내가 고행하는 수도승처럼 아무 감정도 없이 살아야 된다고 생각하는가? 단언컨대 동년배 가운데 나보다 더 많은 즐거움과 다양한 경험을 누린 사람은 없다. 지난날을 돌이켜봐도 내가 부러워할 만한 사람은 아무도 없다.

보부아르는 본심을 숨기지 않았으며 세상의 기준에 영합하지 않았다. 자신의 본분에 맞게 행동했고 생각과 행동이 일치되게 살았다. 수천 년간 부당한 대우를 받으면서도 그 같은 사실조차 깨닫지 못했던 여성들에게 보부아르는 독립, 자유, 평등을 갈망하는 생명의식을 일깨웠고, 동시에 개인적 경험을 통해 이를 증명했다. 그녀에게 여성의 행복은 신이 부여하거나 남성이 제공하는 것이 아니라, 사회 속에서 불굴의 의지를 통해 자아를 실현해 나가는 것이었다.

보부아르는 스스로 구습의 족쇄를 벗어던지고 여성을 억압하는 모든 감옥의 문을 열 수 있는 열쇠를 찾아낸 위대한 여성해방가였다. 그녀는 여성들이 어둡고 숨 막히는 감옥에서 빠져나와 새로운 삶을 찾도록 도왔다. 20세기 후반, 그녀는 관습과 도덕의 뺨을 호되게 쳤고 그녀가 남긴 붉은 손자국은 여전히 생생하게 남아있다.

Simone de Beauvoir

남자의 두뇌를 갖고 태어난 여자

보부아르가 타고난 반항아는 아니었다. 한때 변호사를 지낸 아버지 조르주 드 보부아르Georges de Beauvoir는 사업에서 큰 성공을 거두지는 못했지만 물려받은 재산 덕에 여유로운 생활을 누릴 수 있었다. 그는 배우를 꿈꾸었을 만큼 연극을 좋아했고 재치 있는 말솜씨로 상류사회의 살롱에서 인기를 누렸다. 어머니 프랑수아즈 브라쇠르Françoise Brasseur는 파산한 은행가의 딸로, 남편에게는 아무리 화가 나도 내색조차 안했으나 딸에게는 지나칠 만큼 간섭하고 통제하는 전통적인 부인이자 어머니였다.

용모나 성격, 행동이나 재능 면에서 시몬이 당시 상류층의 숙녀 기준에 부합했는지 여부는 알 수 없으나 결코 밉상이거나 말괄량이는 아니었다. 성장하는 동안 그녀는 아기는 어떻게 생기는지, 월경의 원인은 무엇인지, 사랑의 성분은 무엇인지 같은 어떤 사실의 근원을 밝히는 데 관심이 많았다. 그러나 그녀는 보수적이고 가식적인 어른들로부터 아무런 답도 얻지 못했다. 어머니는 음탕한 여인과 정숙한 여인 사이의 유일한 경계는 성욕의 유무라고 강조했지만, 열다섯 살의 시몬은 이런 말도 안 되는 편견과 잘못된 생각을 받아들일 수 없었다.

"여자는 태어나는 것이 아니라 만들어지는 것이다."

여러 해 뒤, 자신의 역작《제2의 성》에서 그녀는 이 한 구절로 여성의 정체성에 대한 수수께끼를 풀었다. 여자라는 성은 사회적으로 길들여진 것이다. 여자는 자신의 '본분'에 만족하고 이를 지키며 주어진 배역, 즉 어머니, 아내, 딸로서의 역할을 충실히 감당해야 한다. 여자는 남성의 만족으로부터 자신의 만족을 얻고, 남성의 행복을 자신의 행복으로 여기며, 온갖 하찮고 자질구레한 일에 자신의 삶을 소모한다. '현모양처'라는 영예로운 수식어에는 필연적으로 오랜 세월의 헌신과 희생이 따라야만 했다.

조숙했던 시몬은 어른들에게 삶에 관한 문제를 끊임없이 질문했다. 당시 이런 질문을 하는 여자 아이는 없었다. 아버지는 딸을 대견해하며 말하곤 했다.

"시몬은 사내아이의 머리를 가지고 태어난 것 같아."

사내아이 같은 소녀란 비정상으로 받아들여질 수 있어 가족들은 한편으로 염려스러워 하기도 했다.

시몬은 자신의 생각을 숨겨야 했다. 어느 날 마을 성당의 신부가 위선자라는 사실을 알아차린 그녀는 그때부터 신의 존재를 믿지 않았지만, 가족이나 제일 친한 친구에게도 그 사실을 이야기하지 않았다. 아버지가 존경했던 작가 아나톨 프랑스Anatole France에 대해서도 코웃음을 쳤다. 그가 쓴 《신들은 목마르다》나 《붉은 백합》 모두 형편없는 쓰레기이며 프랑스의 향락주의는 극단적인 이기주의이자 천박한 쾌락을 추구하는 것에 지나지 않는다고 여겼다.

시몬은 아버지에 대해서도 회의적이었다. 남자들이란 언제든 아

Simone de Beauvoir

내 이외의 여자와 관계를 맺을 권리가 있다고 아버지는 생각했고, 시몬은 그런 생각을 결코 용납할 수 없었다. 어린 시절 그녀는 혼외 정사나 하룻밤의 정사를 극도로 혐오했다.

에밀리 브론테나 조지 엘리엇 같은 작가가 되고 싶었던 열다섯 살의 시몬은 문학 작품들을 섭렵하기 시작했다. 마르셀 프루스트, 폴 발레리, 앙드레 지드, 버지니아 울프, 폴 클로델 등 새롭게 두각을 나타내는 소설가와 시인 들에게도 관심을 가졌다. 그러나 가장 큰 감명을 받은 책은 이사도라 던컨의 자서전 《마이 라이프》였다. 던컨의 독립심과 사랑, 용기 등에 대한 이야기는 시몬이 알고 있던 그 어떤 위대한 이야기보다 그녀의 마음을 사로잡았다.

시몬은 열여덟 살 소녀가 진부한 삶에서 도망쳐 나오지만 결국 실패로 끝나는 내용의 소설을 쓰기도 했다. 소설 속에서 여주인공은 완벽한 인생과 사랑을 꿈꾸지만 이를 행동으로 옮기지는 못한다. 결국 흰개미가 소녀의 영혼을 갉아먹는 것으로 끝나는 이 소설에 시몬은 자신의 개인적 경험과 함께 사춘기 소녀들이 갖는 고민을 담았다.

사랑을 꿈꾸는 여느 소녀처럼 시몬 역시 로맨스를 꿈꿨다.

'언젠가는 지혜와 교양과 위엄이 넘치는 남자가 내 마음을 정복할 날이 올 거야.'

이 남자는 반드시 시몬의 세계관에 부합해야 하고 그녀보다 더 똑똑해야만 했다. 그녀가 동화 속 백마 탄 왕자님을 바랐던 것은 아니었다. 그녀는 로맨틱한 왕자님으로부터는 아무 매력도 느끼지 못했다. 그녀의 마음을 흔든 남자들은 잘생기고 세련된 사촌오빠 제이콥, 박학다식한 프랑스 문학 교수, 생각이 잘 통하는 프라델, 그리고 르네 마외$^{René\ Maheu}$였다. 그러나 제이콥은 성격이 너무 여렸고 대학 교수는 이미 결혼한 남자였으며 프라델은 너무 자유분방한 삶을 살았다. 시몬은 지독하게 공부만 한다고 자신에게 '비버'라는 별명을 붙여준 유머 넘치는 마외에게 가장 마음이 끌렸다. 그러나 마외는 비버에게 자신의 절친한 친구 장 폴 사르트르를 소개하여 스스로 연적을 만드는 치명적인 실수를 저질렀다.

사팔뜨기에 작은 키, 온종일 담배를 물고 사는 남자 사르트르는 프랑스의 돈 후안이었다. 그는 자신의 못생긴 외모에 결코 기죽지 않았다. 남자는 외모가 아니라 재능, 지혜, 성격 등과 같은 매력과 낭만적인 분위기 만으로도 얼마든지 미인의 마음을 얻을 수 있다고 생각했기 때문이다. 사르트르는 프랑스 대혁명 시기에 추앙받은 웅변가 미라보$^{Honoré\ De\ Mirabeau}$와 같은 '똑똑한 추남'으로, 멋진 글을 단번에 써내는 뛰어난 작가였고 언변도 훌륭했다. 그는 여자의 마음을 사로잡으려면 우선 말재주가 있어야 한다고 믿었다.

"여자의 마음을 사로잡는 것은 사냥꾼이 야수를 사로잡는 것과 다르지 않다."

사르트르는 여성을 야만적인 상태에서 벗어나도록 해 남성과 동등한 지위로 끌어올리려 했고, 그의 넓은 아량은 여자들의 마음을

Simone de Beauvoir

사로잡았다. 게다가 모든 여자에게 친절했다. 어떤 장르의 글을 쓰건 작가라면 플레이보이처럼 살아야 영혼의 샘이 마르지 않는다는 것이 그의 지론이었다. 그는 역시 돈 후안이었다.

자신의 속내와 감정을 감춰서는 안 된다고 생각했던 사르트르는 연극이나 영화를 볼 때 눈물을 흘리기는 예사였고 소리 내어 울기까지 했다. 물론 그는 이를 조금도 부끄러워하지 않았다.

라이프니츠의 철학에 심취했던 시몬은 외모나 옷차림에 크게 신경을 쓰지 않았다. 마외와 함께 '당대 최고의 기인' 사르트르를 방문했을 때 그녀는 보기 흉한 작은 모자를 쓰고 있었다. 정신없이 어질러진 서재에서 손님을 맞이한 사르트르는 말없이 시몬의 외모를 훑어보았다.

수년 후, 사르트르는 회고록에 '아름다운 시몬'에 관한 글을 남겼다.

나는 그녀가 예쁘다고 생각한다. 나는 늘 그녀가 예쁘다고 생각해왔다……. 그녀의 얼굴은 예전에도 그리고 지금까지도 내 마음을 사로잡고 있다. 나는 그녀에 대해 알고 싶어졌다. 놀랍게도 시몬 드 보부아르는 남성의 지능과 여성의 예민한 감수성을 동시에 갖고 있다. 간단히 말해 그녀는 내가 필요로 하는 모든 것을 갖고 있다.

"이제부터 내가 그녀를 책임지고 보살피겠다."

사르트르의 존재론은 끊임없이 이어지는 장문의 글로 이루어져 있지만, 그의 연애선언은 이 짧은 말에 담겨 있다. 반세기에 걸친 그의 특별한 삶이 반영되어 있으니 결코 가볍게 볼 수 없는 말이기도 하다.

"말해주오, 그대가 폴 사르트르를 사랑하는지. 셸리Percy Bysshe Shelley(19세기 영국 낭만주의 시인)를 향한 여인들의 마음 그 이상인지."

돈 후안이 자신을 사랑하느냐고 묻는데 누가 부인할 수 있겠는가. 꿈에 그리던 남자, 자신을 사로잡기에 충분할 만큼 뛰어난 지성의 소유자를 만나 그의 마음을 얻었다는 사실에 시몬은 속으로 쾌재를 불렀다.

세상을 놀라게 한 계약결혼

두 사람의 외모와 성격은 크게 달랐다. 보부아르는 키가 크고 말랐으며 사르트르는 작고 다부졌다. 보부아르는 시력이 좋았지만 사르트르는 어릴 때 오른쪽 시력을 잃은 사시였다. 녹색을 싫어한 사르트르가 아름다운 전원풍경에 무관심했던 반면 보부아르는 대자연을 사랑했고 눈부신 햇빛과 울창한 숲을 좋아했다. 사르트르는

Simone de Beauvoir

계약 연애로 화제를 불러일으킨 보부아르와 사르트르

모든 스포츠에 능했지만 보부아르는 자전거 타기와 수영조차 할 줄 몰랐다. 또 수입과 지출을 꼼꼼히 계산해 형편에 맞게 돈을 쓰는 보부아르와 달리 사르트르는 씀씀이가 헤펐다.

그러나 공통점도 많았다. 좋아하는 책이 같았고 같은 친구들을 사귀었으며 모험을 좋아했고 남과 다르게 행동하기를 즐겼다. 두 사람은 문제를 분석하고 기존의 관념과는 다르게 생각하는 것을 좋아했으며 호기심, 솔직함, 자유로움, 독립심 등에 있어서는 우열을 가리기 어려울 만큼 비슷했다. 그리고 두 사람의 관계는 평등했다. 상대방의 입장에서 생각하며 서로를 배려했다. 학문은 물론 모든 분야에서 서로의 의견을 나눴다.

1930년대 초, 유럽에는 초현실주의라는 새로운 사조가 큰 반향을 일으켰다. 사람들 마음에는 '할 수 없다고 말하지 마라never say no'라는 구호가 깊이 새겨졌고 반항은 새로운 유행이 되었다. 젊은이들의 최대 목표는 전통적인 가치관과 규범에 도전하는 일이었다. 보부아르의 생각에도 큰 변화가 찾아왔다. 그녀는 여성도 남성과 마찬가지로 자기 몸을 어떻게 처신할지 결정할 권리가 있으며, 성적인 자유와 정절은 공존할 수 있다고 생각했다.

마르셀 클럽이라는 술집에서 낯선 이들과 함께 술을 마시며 다양한 대화를 나누곤 하던 그녀는 여동생을 데리고 보다 자유분방한 분위기의 술집을 찾기도 했다. 이 특별한 외출에 대해 그녀는 일기에 이렇게 썼다.

Simone de Beauvoir

위스키, 재즈음악, 방탕한 여인, 섹시한 춤, 난잡한 말들, 애무…… 내가 어떻게 이런 것들을 아무렇지도 않게 받아들이게 되었지? 다른 곳에서라면 결코 접할 수 없는 일들을 어떻게 이곳에서는 태연하게 지켜볼 수 있단 말인가?

그녀는 밤에 혼자 나가 자동차를 세우고 낯선 사람과 드라이브를 즐기기도 했다. 그러나 남자가 치근대자 비로소 '할 수 없다고 말하지 마라'라는 구호가 천성과는 맞지 않음을 깨달았다.

보부아르는 그 당시 아주 드문 여성 철학교수였다. 1929년 전국적인 규모로 치러진 철학교수 자격시험에서 사르트르가 1등, 보부아르가 2등이었는데 사르트르는 북쪽 항구도시인 르 아브르로, 보부아르는 그곳에서 멀리 떨어진 마르셀로 발령이 났다. 결혼은 인간을 구속하는 제도이며 일부일처제는 야만적인 인습이라고 생각하는 사르트르였지만 보부아르와 함께할 수 있는 방법은 결혼뿐이었기에 그녀에게 청혼을 했다. 부부가 되면 교육부에 발령지를 조정해달라고 요청할 수 있었다. 뜻밖의 청혼을 받은 보부아르는 이 문제에 대해 놀라울 만큼 침착하고 이성적으로 생각했다. 한때의 불편함을 피하기 위해 성급하게 결혼한다는 것은 그동안 두 사람이 지켜왔던 소신을 포기하는 것과 같았다.

"만약 우리가 온 세상을 차지한다면 굳이 한 지붕 아래에 살 필요가 있겠어요? 떨어져 있더라도 마음이 통하면 두려울게 없자나요."

보부아르의 말에 사르트르는 한순간 흔들렸던 마음을 가다듬고 평정을 되찾았다.

"우리의 사랑은 흔들리지 않을 거요. 만약 예기치 못한 색다른 경험을 하게 되더라도 이 역시 크나큰 즐거움일 거요."

저술활동을 하는 작가에게 색다른 경험이란 필수적이다. 게다가 이 일은 사랑이라는 이름으로 두 사람을 둘러싼 좁은 공간에 신선한 공기를 공급하는 환기구가 되었다. 보부아르와 사르트르의 관계가 오랫동안 유지될 수 있었던 비결은 두 사람이 연인으로서 뿐 아니라 각자의 일에 있어서도 최고의 파트너였기 때문이다. 두 사람은 지적으로 그리고 정신적으로 완벽한 파트너였다. 다만 결혼이라는 제도적 장치 없이도 사랑을 이어가고 권태를 이겨낼 수 있느냐가 문제였다. 이를 해결하기 위해 두 천재는 계약결혼이라는 기발한 방법을 생각해 냈다. 두 사람은 이 방법이 서로에게 자극을 주고 긍정적인 영향을 줄 수 있다고 믿었다. 사람인 이상 상대방에게 간섭이나 질투를 하지 않는다는 것이 얼마나 어려운 일인지도 물론 알고 있었다. 따라서 상대방을 속이지 않고 전적으로 자신을 내보이는 것이 계약결혼의 전제조건이었다.

이 새로운 실험은 과연 성공할 것인가? 사르트르가 새로운 여자를 만날 때마다 보부아르는 아무렇지 않게 지켜볼 수 있을까? 보부아르가 다른 남자와 만나는 것을 사르트르는 담담히 받아들일 수 있을까? 두 사람의 관계는 바람 앞의 촛불처럼 위태로워 보였고 결

Simone de Beauvoir

대조되는 외모와는 다르게
정신적으로는 서로 통했던
보부아르와 사르트르

국 파경에 이를 것만 같았다. 그러나 사람들의 예상과 달리 둘은 평생토록 이 관계를 유지했다. 각자 다른 사람을 만나는 동안에도 오히려 둘의 관계는 더욱 견고해졌다.

사르트르는 카미유Simone_Camille Sans, 올가Olga Kosakiewicz, 완다Wanda Kosakiewicz, 돌로레스Dolores Vanetti 등을 사귀었고, 보부아르는 보스트Jacques_Laurent Bost, 앨그렌Nelson Algren, 란츠만Claude Lanzmann등을 만났다. 사르트르는 보부아르 연인의 여동생과 사랑에 빠지는가 하면 자신의 연인을 양녀로 입적하기도 했다. 이 때문에 보부아르는 한때 힘든 시기를 보냈지만 그녀는 질투에 눈먼 드라마의 주인공이 되지는 않았다.

사르트르가 보부아르의 학생이자 자신보다 열두 살 어린 올가에게 마음을 빼앗겼을 때, 그는 보부아르 앞에서도 올가에 대한 애정을 드러냈다. 수년 후 가정이 있는 영화배우 돌로레스를 사귈 때, 보부아르는 사르트르와의 관계가 곧 파국에 이를 것으로 생각했지만 사르트르는 이렇게 말했다.

"돌로레스는 내게 몹시 소중한 사람이지만 그래도 나는 당신과 함께하기로 한 약속을 지키겠소."

보부아르는 사르트르의 철학과 문학 활동에 필요한 영감의 원천이라는 점에서 무엇보다 소중한 존재였다. 그가 평생 사귄 여성들을 모두 합치더라도 정신적인 가치 면에서는 보부아르와 비교가 되지 않았다. 게다가 보부아르는 자신의 영역에서 명성을 쌓아 사르

Simone de Beauvoir

트르와 대등한 위치에 올라섰다. 그를 우러러볼 필요도, 그의 뒤를 쫓을 필요도 없었다.

보부아르의 연인들 역시 모두가 내로라하는 엘리트였지만 사르트르보다 빛나는 사람은 없었다. 다른 연인들로부터 고개를 돌리기만 해도 그녀는 블랙홀 같은 사르트르의 매력에 다시금 빨려 들어갔다.

그렇다면 사르트르와 보부아르의 연인들은 결국 이들의 노리개이거나 희생양이었을까? '외도'를 할 때면 그들은 새로운 연인에게만 마음을 쏟았다. 사랑하지 않는 사람과 잠자리를 같이하는 것은 '사르트르-보부아르 계약'에 어긋나는 일이었다. 물론 새로운 연인이 생기더라도 두 사람은 서로의 작품을 읽고 의견을 나누며 좋은 친구이자 동료로 남았다.

그러다보니 사르트르와 보부아르의 연인들 사이에 격려와 경쟁의 관계가 형성되었다. 그들은 아무 방해나 위협 없이 '불륜관계'보다 훨씬 편안하고 자연스러우며 떳떳할 수 있었다. 사르트르의 연인 올가는 보부아르에게 연정을 품은 적이 있었고, 보부아르의 연인들이었던 보스트와 란츠만은 사르트르의 친구가 되기도 했다.

그러나 이런 관계가 아무 갈등 없이 언제나 완벽한 것은 아니었다. 돌로레스에 푹 빠져 있을 때 사르트르는 연애 초기 보부아르가 보낸 소중한 편지들을 찢어 버리기도 했다. 두 사람의 관계에서 가장 큰 위기였다. 반면 보부아르의 연인 앨그렌은 보부아르가 자신

을 깊이 사랑하면서도 사르트르와 헤어지지 않는 것에 대해 괴로워
했다.

사랑은 추문이 되고

1935년 보부아르는 여행길에서 한 남자를 만난다. 두 사람은 곧
사랑에 빠져 여러 해에 걸쳐 프랑스와 이탈리아를 여행했다. 이 여
행으로 보부아르는 사르트르와 지내면서 가까이 하지 못했던 대자
연을 마음껏 즐길 수 있었다(사르트르는 서재, 커피숍, 극장에서 시간을
보내기 좋아했다). 이 남자는 문학잡지 〈레탕모데른〉의 편집자 보스
트로, 바로《제2의 성》이라는 제목을 생각해 낸 사람이었다. 그러나
보부아르의 여러 연인처럼 보스트 역시 잠시 스쳐지나가는 인연에
불과했다. 보부아르를 주연으로 한 연애 드라마에서 사르트르 다음
으로 중요한 인물을 꼽는다면 단연 넬슨 앨그렌이다.

1947년 사르트르와 보부아르는 각각 미국인 연인을 사귀었다.
사르트르의 연인은 돌로레스였는데, 그녀와 보부아르는 사르트르
가 홀로 지내지 않도록 교대로 그의 곁을 지켰고 뉴욕이나 파리의
공항에서 어색하게 조우하기도 했다.

보부아르의 연인은 그녀보다 한 살 어리고 이혼한 적이 있는 소
설가 앨그렌이었다. 그는 대학에 다닌 적도 없을뿐더러 어릴 적 떠

Simone de Beauvoir

돌이 생활을 하면서 절도로 감옥에 갔다 오는 등 밑바닥 인생을 경험한 남자였다. 시끌벅적한 시카고 거리 특히 어두운 뒷골목을 손바닥 들여다보듯 훤히 꿰뚫고 있던 그는 허름한 동네에서 소설을 집필하며 마약환자와 마약판매상, 매춘부, 소매치기, 주정뱅이, 노숙자 등을 두루 알고 지냈다. 그의 작품에 등장하는 인물 대부분은 고상한 작가들은 거들떠보지도 않는 소위 '인간쓰레기'라 불리는 사람들이었다. 다양한 인생 경험 덕분에 그의 소설들은 독특하고 신선한 감동을 불러일으켰다. 장편소설《황금 팔을 가진 사나이The Man with the Golden Arm》는 훗날 퓰리처상을 수상하기도 했다.

미국을 방문했을 때 보부아르는 우연히 이 개성 넘치는 작가를 만났다. 건장한 체구에 강렬한 매력을 발산하는 그는 단번에 그녀의 마음을 사로잡았다. 앨그렌 역시 그녀를 보고 한순간에 매혹되었다. 짧은 일정 동안 앨그렌은 보부아르에게 하층민, 게이바, 경찰서, 감옥, 사형장의 전기의자 등 미국사회의 어두운 모습을 보여주었고, 그와 함께 지낸 사흘 동안 보부아르는 오랜만에 황홀했다.

그 후 두 사람의 사랑은 대서양을 가로지르는 편지로 이어졌다. 보부아르는 미국 연인을 '봄날의 사랑' '친애하는 남편' '미시시피강의 연인'이라고 불렀고, 앨그렌은 그녀를 '어여쁜 갈리아Gallia(북이탈리아, 프랑스, 벨기에 일대를 말한다.) 여인'이라고 불렀다. 보부아르의 편지에는 연인을 향한 애절한 마음이 고스란히 담겨 있었다.

앉아도 누워도 마음을 다잡을 수 없어요. 당신의 품에 다시 한 번 녹아들고 싶어요. 나의 머나먼 사랑이여!

보부아르가 수년간 미국으로 보낸 편지는 1600여 장에 달했지만, 편지로는 마음을 다 전할 수 없음을 여러 차례 한탄했다.

앨그렌은 보부아르의 마음에 다른 남자가 크게 자리 잡고 있다는 사실을 용납하지 못했다. 더욱 이해할 수 없는 것은 사르트르와 보부아르가 이미 여러 해 전부터 성관계를 하지 않고 있으면서도 계약결혼을 유지하고 있다는 사실이었다. 보부아르와 앨그렌 사이에 말다툼이 오가기 시작했다. 보부아르는 그와 결혼하거나 시카고에서 함께 생활하기를 원치 않았다. 앨그렌 역시 그녀가 있는 파리로 건너가 살 수 없었다. 분명 절충안을 찾을 수 있었겠지만 앨그렌은 좀처럼 타협하지 않았다. 그는 보부아르의 마음 전부를 차지하기를 원했고, 그녀가 자신의 아이를 낳아주기를 바랐다. 그러나 보부아르는 한 남자의 아내가 되고 그 아이들의 어머니가 되는 데 아무 관심이 없었다. 앨그렌은 고통스럽게 신음했다.

"내 팔이 아무리 따뜻해도 대서양 너머 저편에 있으면 그 따뜻함을 느낄 수 없다. 삶은 덧없고 냉혹하다는 사실을 깨닫고 난 지금, 더 이상 그 온기를 거절할 수 없게 되었다."

1950년 앨그렌은 이혼한 전처와 재결합할 것이라고 말했다.

사랑이 깊으면 미움도 깊다. 보부아르의 장편소설 《레 망다랭Les

Simone de Beauvoir

보부아르와 그녀의 미국 연인 앨그런, 1950년

Mandarins》의 주인공 루이스는 앨그렌을 모델로 한 인물이다. 앨그렌은 이 소설로 인해 사람들 앞에 발가벗겨진 채 내놓인 어릿광대가 되었다고 주장하며 불같이 화를 냈다. 여행기《누가 미국인을 무너뜨렸나?Who Lost an American?》에서 그는 보부아르를 이렇게 비꼬았다.

한 친구가 그녀에게 바느질 실을 건네며 단추를 꿰매달라고 부탁했다. 그러자 그녀는 "이런 하찮은 일에 시간을 낭비하다가는 결코 큰일을 이룰 수 없다."며 거절했다.

책의 끝부분에서 그는 보부아르에 대한 관심을 가장하며 이렇게 썼다.

자유를 포기하고 싶지 않은 보부아르는 오히려 사르트르의 외도를 바라는 것은 아닐까?

1960년, 앨그렌은 오랫동안 품어온 원망을 떨치고 파리로 건너가 보부아르를 만났다. 이미 사랑은 식은 지 오래였지만 두 사람 사이에 우정은 남아 있었다. 그로부터 20년이 지난 뒤인 1981년, 한 기자가 지난날의 러브스토리에 대해 묻자 이 베스트셀러 작가는 불만에 찬 말투로 대답했다.

"보부아르는《레 망다랭》에서 루이스라는 이름으로 나를 묘사했

Simone de Beauvoir

습니다. 회고록에서는 우리의 사랑을 '국경을 뛰어넘은 위대한 문학의 조우'로 표현하며 내 실명을 언급했고 내가 쓴 편지들을 인용했지요. 출판사가 내 허락을 얻기는 했지만 그래도 편지는 처음부터 공개하지 말아야 했습니다."

그럼에도 그는 지난날의 연정을 그리워했음이 틀림없다. 그렇지 않다면 그의 기이한 행동을 설명할 길이 없다. 그는 보부아르의 편지를 오랜 세월 보관했는데 어느 날은 분노를 이기지 못해 편지 한 통을 갈기갈기 찢었다. 그러고는 다시 조심스럽게 조각을 맞춰 붙여놓았다. 모든 편지를 팔아 없애고는 두 배의 값을 치르고 되사온 적도 있다. 심지어 심장병으로 세상을 떠날 때조차 그의 책상에는 보부아르의 편지들이 가지런히 정리되어 있었다.

이 러브스토리에서 여자 주인공은 남자 주인공보다 주도적이었으며 결단력이 있었고 사회적 지명도 또한 높았다. 훗날 여자 주인공의 펜에 의해 둘의 관계가 세상에 공개되자 남자 주인공은 원망의 목소리를 높였다. 사르트르-보부아르의 계약결혼은 지나치게 시대를 앞서갔고 사랑하는 사람을 독점하려는 인간의 본성과 충돌해 결국 두 사람의 주변 사람들에게 상처를 입혔다. 앨그렌과 돌로레스의 원망은 보부아르와 사르트르의 정신세계에 아무런 해도 끼치지 못했지만 그래도 한동안은 번민의 고통을 안겨주었다.

《제2의 성》, 페미니즘의 경전

시몬 드 보부아르는 20세기의 위대한 여성 가운데 한 사람으로 꼽힌다. 사르트르의 연인들이 그의 명성과 카리스마에 이끌려 움직이는 위성이었다면, 보부아르는 그의 곁에서 나란히 밤하늘을 비추는 쌍둥이 별이었다.

보부아르는 서른다섯에 첫 장편소설《초대받은 여자》를 발표하고 마흔여섯에《레 망다랭》으로 프랑스 최고의 문학상인 공쿠르 상을 수상했다. 그러나 마흔 살에《제2의 성》을 발표했을 때 는 니체의 '신은 죽었다.'라는 선언 못지않은 엄청난 파장을 일으켰다. 페미니즘의 경전이라 할 수 있는 이 책에서 그녀는 역사, 문화, 도덕, 관습의 힘을 빌려 여성을 폄하하고 모욕하며 유린해 온 남성들을 폭로했다.

그동안 여성은 비범하지 못하고 나태하며 옹졸한 데다 노예근성에 빠져 있다는 등 수많은 모욕적인 말들을 들으며 살아왔다. 그러나 이는 여성이 지금껏 속박당하며 살아왔다는 사실의 방증이다. 여성은 힘든 일을 기피하고 안일하며 자기 내면에만 빠져 있다지만, 그동안 갇혀 살아왔기 때문에 그렇게 보일 뿐이다. 집안에 갇혀 지내는 여성은 매춘부이든 양가의 규수이든 하루를 무료하게 보내야만 한다. 그런 상황에서

Simone de Beauvoir

편안함과 안락함을 추구하는 것은 너무나 당연하다. 여성이 음탕한 쾌락을 추구한다고 하지만, 이는 성적 쾌락을 박탈당해왔기 때문이다. 사회는 여성을 주방과 침실에 가둬놓고 그들의 시야가 좁고 안목이 낮다고 경멸한다. 여성의 날개를 부러뜨려 놓고는 높이 날지 못한다고 탄식한다. 만약 여성에게 미래와 가능성을 열어준다면, 그들은 결코 현재에 머물러 있지 않았을 것이다.

보부아르는 여성이 원하는 일을 찾아 그 일에 마음을 쏟는다면 남성과 마찬가지로 큰 성과를 이룰 수 있다고 보았다. 이런 여성과의 경쟁을 두려워한 남성이 온갖 방법으로 여성을 '침실의 천사'로 가둬놓았다는 것이다. 이렇게 여성을 수동적으로 만들어 단지 2세를 낳아 기르는 역할에만 머물게 했다. '위대하고 신성한 모성애'라는 신화에 빠뜨려 평생 자신의 가치를 깨닫지 못하게 했다.

《제2의 성》은 역사상 최초로 여성문제를 완전히 새로운 각도에서 이성적이고 설득력 있게 다룬 책이다. 수십여 개의 언어로 번역되어 세계적인 베스트셀러가 된 이 책이 처음 세상에 나왔을 때, 제일 먼저 이의를 제기한 곳은 로마 교황청이었다. 교황청은 《제2의 성》이 출간된 바로 다음날 이 책을 금서목록에 올렸다. 보부아르와 오랜 친분을 쌓아온 뛰어난 작가 알베르 까뮈Albert Camus마저 이 책에 동의하지 않았고 보부아르가 프랑스 남성을 의도적으로 조롱하

고 있다고 비난했다. 작가 프랑수아 모리아크^{Franois Mauriac}는 비열한
수단으로 이 책에 대한 불만을 표시했다. 그는 〈레탕모데른〉의 편
집자에게 다음과 같은 편지를 보냈다.

나는 당신들 여사장(보부아르를 가리킨다)이 저지른 추잡한
행적을 알고 있습니다.

이 편지가 언론에 공개되자 그는 부끄럽고 분한 나머지 〈피가로〉
에 다시 글을 기고했다. 《제2의 성》을 ‘외설’이라고 매도하는 글이었
다. 평론가들 역시 혹평을 퍼부었다. 한 평론가는 보부아르가 이 책
을 집필한 근본적인 원인을 ‘여성이기 때문에 느끼는 자격지심’으로
해석했다. 어떤 평론가는 이렇게 조롱하기도 했다.

“인류의 절반을 선동해서 나머지 절반에 반격을 가하려는 이
여장부의 목표는 가히 세상에서 가장 위대한 혁명가와 비교할 만
하다.”

남성 특히 프랑스 남성의 가면을 벗겨내고 위선을 들추어낸《제
2의 성》에 대해 그들은 편견과 적의를 숨기지 않았다. 자신들의 집
단 이기주의가 처음으로 전복될 위기를 맞자 일제히 반격을 가했
다. 사방에서 쏟아지는 비난에도 아랑곳하지 않았던 이 ‘마녀’는 여
성들을 불러 모아 이렇게 외쳤다.

“여러분의 권리와 존엄이 교활한 남성에 의해 송두리째 유린되

Simone de Beauvoir

고 있습니다. 이대로 그들의 노예로 안주하며 주인으로서의 삶을 포기할 겁니까?"

《제2의 성》에는 불법낙태와 그로 인한 여성의 고통을 자세히 다룬 부분이 있다. 그런데 〈레탕모데른〉으로 낙태수술을 비밀리에 하는 외과의사의 주소를 알려달라는 문의가 빗발쳤다. 이들을 상대하느라 지친 편집자는 결국 회사 게시판에 공고문을 붙였다.

"낙태수술은 바로 이곳에서 하며, 우리가 집도합니다."

언론과 대중으로부터 날아드는 비난은 그칠 줄 몰랐다. 그들은 보부아르를 향해 '성적 매력이라고는 찾아볼 수 없는 여자' '음탕한 요부' '색정광' '레즈비언' '수백 번 낙태한 여자' '숨겨둔 아이가 있는 여자' 등 온갖 비난을 퍼부었다. 알제리에 복무하고 있던 한 중위는 협박편지와 함께 총탄을 보내기도 했다. '파렴치한 매춘부'라고 욕하며 테러를 가하려는 시도까지 있었다. 이처럼 추악한 반응은 남성에 대한 보부아르의 평가가 조금도 틀리지 않았음을 증명하한것이나 다름없었다.

그러나 보부아르는 결코 괴로워하지 않았으며 오히려 자신은 사람들의 비난 속에서 즐거움을 얻는다고 공언했다.

《제2의 성》의 유명한 구절, "여자는 태어나는 것이 아니라 만들어지는 것이다."는 페미니즘 이론의 기초를 이루는 명제가 되었다. 남녀평등의 선결조건은 무엇인가? 문제를 해결하는 방법은 무엇인가? 여성의 존엄과 권리는 법률의 보호를 받고 있는가? 페미니스트들은 보부아르가 세워놓은 이정표를 따라 그 해답을 연구했고 여성의 권리를 쟁취하기 위해 행동에 나섰다. 이 운동은 사회 전반에 걸쳐 전례 없는 반향을 일으켰다.

1960년대 이후 여성의 지위는 빠르게 상승했다. 미국 의회는 〈가족폭력법안〉을 통과시켰다(이 법안에서는 배우자의 강압적인 성행위를 강간과 동일시한다). 이로써 그동안 전횡을 일삼던 남성은 자신이 지배하던 마지막 '영토'를 잃고 말았다.

오늘날 페미니즘이 거론되면 사람들은《제2의 성》과 시몬 드 보부아르를 떠올린다. 페미니즘의 또 다른 명저, 베티 프리단Betty Friedan의《여성의 신비》케이트 밀레트Kate Millet의《성의 정치학》모두 《제2의 성》으로부터 영향을 받은 것이다.

보부아르는 수천 년을 이어온 여성의 억울함을 항변했을 뿐 아니라 자신의 언행과 업적, 저서를 통해 여성의 정체성을 바로 세웠다. 그녀는 학문의 조예가 깊었고 개성이 뚜렷했으며 풍부한 경력을 쌓았고 화려한 명성을 누렸다. 자신의 일로써 자아실현을 충분히 이루었다. 그녀는 여성에 대한 폄하가 근거 없는 것이라는 자신의 주장이 사실임을 입증했다.

안녕, 사르트르

1950년대, 사르트르가 주창한 실존주의 철학은 전 세계를 풍미

Simone de Beauvoir

했다. 그는 정치에도 입문해 왕성한 활동을 펼쳤다. 프랑스령 식민
지에서 민족해방운동을 잔인하게 진압하는 프랑스 정부에 반대했
고, 국제전범재판소 소장을 역임했으며, 소련의 철혈정책을 맹렬
히 비난했다. 스탈린 정부의 문화위원 알렉산드르 파데예프^{Aleksandr}
^{Aleksandrovich Fadeev}는 사르트르를 '타자기를 두드리는 이리, 펜대 돌리
는 승냥이'라고 비난하기도 했다.

한편 보부아르는 여성해방운동에 더욱 적극적으로 참여하며 낙
태 합법화를 위해 동분서주했다. 그녀는 사르트르와 함께 여러 나
라를 여행하면서 수많은 정치가들을 만났으며 문학, 철학, 시사와
관련된 뛰어난 연설을 했다. 왼쪽 시력마저 잃은 말년의 사르트르
를 위해서는 책과 신문을 읽어주고 원고를 정리해주는 등 곁에서
그를 보살폈다.

1980년 4월 15일, 사르트르는 요독증으로 병원에서 세상을 떠났
다. 임종 직전 그는 눈을 감은 채 보부아르를 끌어안고 마지막 말을
남겼다.

"당신을 몹시 사랑하오. 내 사랑, 비버."

곁에 누우려고 이불을 젖히는 보부아르를 간호사가 만류했다.
이불 위에 누워 그를 감싸 안는 순간, 지난 세월이 주마등처럼 스쳐
갔다. 그녀는 이 위대한 철학자를 사랑했다는 사실을 한 번도 후회
한 적 없었고 그 사실에 뿌듯함을 느꼈다.

시몬 드 보부아르의 마지막 작품 제목은 《작별의 의식^{La Cérémonie}

des adieux》이다. 이 책의 서문에 그녀는 이렇게 적고 있다.

젊은 시절, 우리는 격렬한 논쟁을 벌였고 논쟁에서 이긴 사람은 늘 이렇게 말했습니다. '당신은 자기만의 상자에 갇혀 있어!' 이제 당신은 당신만의 상자에 갇혀서 다시는 나올 수 없습니다. 나 역시 그곳에 간다한들 당신과 다시 만날 수 없습니다. 사람들이 나를 당신 곁에 묻고 당신의 유골을 내 옆에 놓아둔다 해도 당신의 존재를 느낄 수 없겠지요.

1986년 4월, 시몬 드 보부아르는 평화롭게 세상을 떠났다. 78년에 걸친 인생 여정에서 그녀는 마음 가는 대로 사랑하고 믿는대로 살았으며, 그렇게 글을 썼다.

Simone de Beauvoir

위대한 영혼의 댄스 파트너

루 살로메

1861년 2월 12일 ~ 1937년 2월 5일

국적 독일

가정환경 부유

부친 구스타프 살로메(Gustav von Salome, 장군)

모친 루이스 살로메(Louise Wilm von Salome, 사업가의 딸)

남편 F. C. 안드레아스(F. C. Andreas, 언어학 교수)

자녀 없음

직업 작가, 심리학자

별명 니체의 '서광', 릴케의 '성모', 프로이트의 '길조'

LOU ANDREAS-SALOMÉ

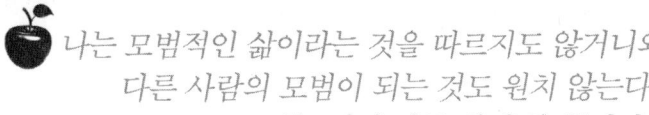

인간의 지혜에 대한 관심

영국 유미주의 작가 오스카 와일드Oscar Wilde는 성경에서 영감을
얻어 비극 《살로메Salome》를 썼다. 헤롯왕의 생일, 왕궁에서 성대한
연회가 열렸다. 거나하게 취한 헤롯왕은 어여쁜 살로메에게 자신을
위해 춤을 춘다면 나라의 절반을 내주겠다고 약속한다. 그러나 그
녀가 원하는 것은 오직 세례 요한뿐이었다. 그를 몹시 사랑했지만
번번이 거절당한 그녀는 결국 최후의 방법을 동원한다. 바로 세례
요한의 목을 요구한 것이다. 마침내 살로메는 선혈이 뚝뚝 떨어지
는 그의 머리를 들어 입을 맞춘다.

"오! 나는 당신의 입술에 키스했어요, 요한. 당신의 입술에 키스
했어요. 당신의 입술에서 느껴지는 이 씁쓸함은 피의 맛인가요? 아
니, 이것은 어쩌면 사랑의 맛일 거예요. 사람들이 말하기를 사랑은
쓰다고 했어요. 하지만 아무려면 어때요, 나는 이미 당신의 입술에

Lou Andreas-Salomé

키스했는걸요, 요한."

살로메, 이 변태적인 러브스토리의 주인공은 선지자의 잘린 머리를 부여잡고 미친 듯이 키스를 퍼부으며 사악한 욕망을 채웠다. 이후 사람들은 그녀의 이름을 들을 때마다 불길한 느낌을 떨치지 못하지만, 살로메는 히브리어로 '평화'를 뜻한다. 아이러니가 아닐 수 없다.

성경에 등장하는 이 냉혈미인 외에도 또 한 명의 유명한 살로메가 있다. 그녀가 성경의 살로메와 닮은 점은 위대한 영혼과 함께하기를 원하고 그의 사랑을 갈망한 것이다. 다른 점은 자신이 만난 천재들을 죽음의 길로 내몬 것이 아니라 영감을 주었고, 그들을 운명이 정해놓은 길로 인도했다. 그녀가 원한 것은 죽음의 입맞춤이 아니라 탄생이었다. 영혼의 오묘한 비밀을 탐구하고자 했던 그녀의 이름은, 루 살로메이다.

루 살로메는 1861년 2월 12일, 러시아의 상트페테르부르크에서 러시아 장군 구스타프 살로메의 외동딸로 태어났다. 그녀는 매우 똑똑했고 외모도 빼어났다. 17세 때 그녀는 길을 걷다가 우연히 한 목사의 설교를 들었다. 목사의 뛰어난 언변과 사람의 마음을 밝히는 지혜에 탄복한 그녀는 그에게 자신의 가정교사가 되어달라는 편지를 썼다.

"저는 목사님과 '목사와 신도의 관계'를 맺고 싶지는 않습니다. 인간의 지혜에 관심이 있는 사람으로서 목사님과 교류하고 싶습니다."

목사의 이름은 하인리히 길로트Heinrich Gillot. 그는 세상사를 두루 겪은 터라 웬만한 일에는 놀라거나 당황하지 않았지만, 어린 소녀의 간절한 부탁에 마음이 흔들리고 말았다. 결국 그는 지식을 갈망하는 소녀를 도와주기로 결심했다. 우선 책장에서 그녀가 읽어야할 책들을 하나씩 골랐다. 소크라테스, 플라톤, 아우구스티누스, 데카르트, 파스칼, 괴테, 칸트, 키에르케고르, 볼테르, 루소, 피히테, 쇼펜하우어 등의 철학가와 대문호들의 작품들을 꺼내보니 책으로 작은 산이 만들어졌다. 아무리 똑똑한 소녀라도 이 책을 다 읽고 이해하려면 20년도 부족해 보였다. 하지만 루 살로메는 하인리히 목사에게서 받은 지식의 향연 앞에서 힘든 내색을 하지 않고 새로운 지식을 모두 소화했다. 이런 그녀의 모습에 하인리히 목사는 반하고 말았다. 처자식마저 버릴 결심을 하고 살로메에게 청혼을 했으나 더 많은 공부를 하고 싶었던 살로메는 정중히 거절하고 자신의 꿈을 찾아 어머니와 함께 스위스로 떠났다.

살로메는 18세 때 취리히 대학교에 입학했다. 한 교수는 그녀를 "생각이 매우 성숙함에도 천성은 어린아이처럼 순수하다."라고 평했다. 그러나 그녀는 불행히도 학문에 열중할수록 건강이 악화되어 각혈이 그칠 날이 없었다. 결국 따뜻한 지방에서 요양을 하라는 권유를 받고 21세 때 어머니와 함께 이탈리아로 여행을 떠났다. 이 여행에서 살로메는 어머니의 친구이자 뛰어난 지성으로 명성을 떨치던 말비다 폰 메이센부르크Malwida von Meysenbug를 만나게 되었고 이

Lou Andreas-Salomé

때부터 이탈리아에 머무는 동안 그녀의 살롱에 출입했다.

말비다는 유명인사답게 유럽의 문화 판도와 명사들을 훤히 꿰뚫고 있었다. 세상에는 여러 종류의 탐험이 있지만 황금, 사랑, 신비한 자연, 신기루를 좇는 것이 대부분이다. 그러나 살로메는 철인, 시인, 학자를 만나 그들의 정신세계를 탐험하고자 했다. 이를 통해 예상치 못한 특별한 무언가를 만날 수 있기 때문이었다.

니체와의 가면무도회

소녀의 기도는 늘 경건하고, 꿈은 언제나 열정적이다. 어린 살로메는 무엇을 갈망했을까? 그녀는 언젠가 위대한 영혼을 만나 진지한 대화를 나누기를 원했다. 지성의 샘에서 솟아나는 달콤한 샘물을 맛보기를 원했다. 말비다는 살로메의 마음을 알아주는 좋은 친구인 동시에 삶의 인도자였다. 말미다의 예리한 눈은 찬란히 빛나는 별 하나에 주목했다. 그 별은 위대한 천재이지만 가련한 삶을 살고 있었던 철학자 프리드리히 니체Friedrich Nietzsche였다. 말비다는 살로메에게 니체를 소개해주기로 마음먹었다. 우선 살로메에게 니체의 저서《비극의 탄생》을 부쳐주었고 니체의 정신세계와 인격을 칭송하는 장문의 편지를 보냈다. 아무리 위대한 철학자라고 해도 니체 역시 현실의 세계에서는 연약한 인간이었다. 마흔 살이 다 되도록 정처 없이 떠돌아다녔고 홀로 외로이 지냈으며 장기간 병마에 시달렸다. 살로메는 말비다가 부쳐준 니체의 작품을 읽은 후 그의 뛰어난 지성에 탄복했다. 말비다의 편지를 읽고 나자 이 철인의 고독과 비운에 안타까움을 금치 못했다. 이 철학자에게 이미 매료된 살로메는 이 위대한 영혼의 소유자를 하루속히 만나게 되기를 갈망했다.

드디어 유럽에서 가장 위대한 철인과 가장 총명한 여인의 만남이 이루어졌다. 첫 만남은 로마의 성 베드로 대성당에서 이루어졌다. 말비다는 두 사람의 만남이 아름다운 러브스토리의 서막이 될 것으로 기대했다. 하지만 니체의 친구 파울 레Paul Rée가 두 사람 사이에 끼어 복잡한 삼각관계로 바뀌고 말았다. 실은, 파울 레와 살로메가 먼저 문학살롱에서 만났고 몇 개월 뒤 니체가 끼어든 것이다. 파울 레는 살로메를 열렬히 짝사랑했지만 친구를 위해 자신의 사랑을 양보하기로 했다. 친구의 이런 마음을 까맣게 모르고 있던 니체는 다음과 같은 편지를 보냈다.

"파울, 나를 대신해서 그 러시아 아가씨에게 안부를 물어주게. 지금 내게는 그녀 같은 여자가 필요하네. 하지만 결혼은 엄연히 별개의 일이지. 10년 후 내가 무엇을 할 것인지에 따라 달라지겠지만 결혼기간은 길어야 2년을 못 넘길 걸세."

편지에서 니체는 살로메와의 결혼을 확신했다. 게다가 모든 상황이 자신의 결정에 따라 진행될 것이라 믿고 있었다. 하지만 살로

Lou Andreas-Salomé

살로메를 사랑한 불운의 철학가 니체

메는 이 결혼에 대해 아직 오빠의 동의도 얻지 못한 상태였다. 지극히 현실적인 그녀의 오빠가 보기에 니체는 학식만 가득 찼을 뿐 가진 것 없고 나이 많은 노총각에 불과했다. 그는 여동생이 속임수에 빠진 것은 아닌지 상당히 염려했다. 그는 살로메에게 편지를 보내 귀족가문의 여자는 처신에 각별히 주의해야 하며 로맨스란 위험한 불장난 같은 것이라고 타일렀다. 그렇지만 어릴 때부터 독립심이 강했던 살로메는 오빠의 말에 반감을 느꼈다. 그런 감정이 오빠에게 보낸 답장에 고스란히 드러나 있다.

"나는 모범적인 삶이라는 것을 따르지도 않거니와 다른 사람의 모범이 되는 것도 원치 않아요. 다만 저를 위해 살 뿐이에요. 내 인생에서 꼭 지켜야 할 규칙이란 것은 없어요."

살로메의 이 편지는 또 한 명의 위대한 뮤즈, 베티나 브렌타노 Bettina Brentano를 연상시킨다. 젊은 시절 베티나 브렌타노는 오빠 클레멘스 브렌타노Clemens Brentano로부터 충고와 훈계를 듣자 반박 편지를 보냈다.

"나에게 진정하라는 말은 하지 마세요. 그건 아무 소용 없어요 진정이란 단정히 앉아 두 손을 무릎에 얹고 두 눈은 만찬식탁의 수프를 바라보는 것을 의미할 뿐이에요. 열정적인 댄서인 나의 영혼은 은밀하게 들려오는 음악에 맞춰 춤을 춘답니다. 이 음악은 오직 저만 들을 수 있어요. 세상의 모든 경찰이 영혼을 구속하는 법을 만든다 해도 저는 결코 그 법을 따르지 않을 거에요."

Lou Andreas-Salomé

베티나 브렌타노 또한 천재로 괴테, 베토벤, 마르크스 등과 교분을 나눈 비범한 여성이었다. 그녀도 한때는 '19세기 초 서양에서 가장 위험한 열정을 가진 마녀'로 불렸다. 천재는 자신만을 위한 특별한 칵테일을 원하는 법이다. 이 칵테일은 베티나 브렌타노와 루 살로메처럼 세상의 법규에 얽매이지 않는 '마녀들'만이 만들어낼 수 있었다.

"진정한 남자는 두 가지를 필요로 한다. 하나는 위험이며 다른 하나는 게임이다. 따라서 남자에게 필요한 것은 위험한 장난감인 여자이다."

니체가 한 말이다. 그렇다면 성 베드로 대성당에서 살로메와 했던 데이트는 위험한 것이었을까, 아니면 게임이었을까. 어쩌면 위험한 장난이었을지도 모른다.

니체는 자신도 의식하지 못하는 사이 사랑의 신 에로스가 쏜 화살을 맞았다. 그는 살로메의 곱슬거리는 금발머리, 고운 얼굴선, 도톰한 입술, 그윽한 눈동자, 생기발랄한 모습을 보자 첫눈에 사랑에 빠지고 말았다. 게다가 우아한 행동, 빠른 생각, 간결하고 분명한 의사표현 등 무엇 하나 마음에 들지 않는 것이 없었다. 말비다가 살로메의 첫인상을 물었을 때 니체의 대답은 매우 간단했다. "그녀는 눈 깜짝할 사이에 다른 사람의 영혼을 정복할 수 있는 사람입니다."

반면 살로메는 담담했다. 그녀에게 니체는 백마 탄 왕자가 아니었다. 그녀가 자주 보던 화려한 복장의 귀족 자제와 달리 외모도 볼품이 없고 세상과 등지고 사는 광인처럼 느껴졌다. 그녀는 회고록에서 니체에게서 받았던 인상을 이렇게 적었다.

성격 – 괴팍. 이 단어 하나가 모든 것을 말해준다.

외모 – 평범. 어떤 매력도 느낄 수 없다.

복장 – 소박. 매우 깔끔하다.

언행 – 신중. 조심스럽지만 다소 부자연스럽다.

두 손 – 우아함. 매우 눈길을 끈다.

눈 – 시력장애 . 고도근시다.

인사치레 – 어색함. 가식적이다.

그래도 그녀를 실망시키지 않은 것은 니체가 위대한 철학자라는 사실이었다. 하지만 존경과 사랑은 엄연히 다른 것이어서 살로메는 자신보다 열일곱 살이나 많은 병약한 남자에게 마음의 문을 열어야 할지 결정하지 못했다. 어머니는 물었다.

"니체가 가진 재산으로는 입에 풀칠하기도 힘든데 그 사람을 따라간다면 고생문이 훤하지 않겠느냐?"

그녀는 자신의 딸을 조금도 이해하지 못했다. 살로메에게 가난한 삶은 전혀 문제가 아니었다. 그녀가 걱정하는 것은 니체를 삶의 동반자로 맞이하게 되면 세속적인 행복을 포기하는 것 외에도 너무

Lou Andreas-Salomé

나 많은 희생이 따른다는 것이었다. 여기에는 인격적인 독립과 정신적인 자유도 포함되어 있었다.

어찌 되었든 니체와 살로메는 이탈리아에서 즐거운 시간을 보냈다. 니체에게는 새로운 경험이었다. 그는 사랑하는 여인 둘시네아를 보호하는 과대망상의 기사 돈키호테가 된 듯했다. 게다가 해변의 도시 몬테카를로Monte-Carlo(현 모나코의 휴양지)에서는 다른 동행 없이 단둘이 여행을 즐겼다. 그곳에서 니체는 하늘이 주신 기회를 살려 살로메의 마음을 얻었을까? 아니면 그저 철학적인 선문답만을 주고받았을까? 이에 대해 살로메는 이렇게 말했다.

"니체가 몬테카를로에서 내게 키스했는지는 잘 기억이 나지 않는다."

그렇다. 두 사람 사이에는 정말 아무 일도 없었던 것 같다. 하지만 파울 레는 니체와 살로메의 상기된 얼굴을 보자 끓어오르는 질투심을 억누르지 못했다. 니체는 살로메를 사이에 두고 자신과 파울 레가 벌이는 사랑의 삼각관계에서 승리를 확신했다. 그러고는 짐짓 대범한 체하며 파울 레에게 살로메와 결혼하라고 제안하기도 했다. 그러나 이미 경쟁에서 밀렸다는 사실을 깨닫고 있던 파울 레는 아무렇지 않은듯 말했다.

"나는 염세주의자일세. 결혼해서 자식을 낳고 사는 세속적인 삶은 생각만 해도 끔찍하다네. 차라리 자네가 그녀와 결혼을 하게. 그녀야말로 자네가 바라던 배필이 아닌가."

원래 니체는 결혼에 대해 부정적이었다. 그에 따르면 결혼은 만성질환과 같아서 세상 어디에도 이 병을 치료할 의사나 약은 없다. 그러나 살로메는 예외였다. 그녀처럼 미모와 지성을 겸비한 여인은 어디에서도 만나기 어려웠다. 니체가 아무리 심오한 문제에 대해 이야기해도 그녀는 모두 이해했고, 그것에 대한 자신의 의견을 덧붙이기까지 했다. 니체는 이런 여인에게 마음을 빼앗겼다는 것이 조금도 부끄럽지 않았다. 살로메를 만난 뒤 여성에 대한 부정적인 생각이 변하기 시작한 니체는 살로메와의 미래에 대해 곰곰이 따져보았다.

"살로메는 고귀한 성품을 지녔고 무척 현명하다. 그녀는 매의 눈과 사자의 용기를 가졌다. 그녀는 인류의 정신적 십자가를 나와 함께 기꺼이 짊어지고 갈 사람이다."

마침내 니체는 살로메에게 청혼하기로 결심했다. 그러나 철학자로서 사상의 영역에 있어서는 어떤 위험도 두려워하지 않던 그가 남녀관계에서는 겁쟁이였다. 그는 친구이자 연적인 파울 레를 찾아가 자기 대신 살로메에게 청혼해달라고 부탁했다. 그러고는 스위스 바젤로 돌아가 살로메가 청혼을 받아들였다는 소식이 오기만을 기다렸다.

당시 니체가 어떤 생각에 잠겨 있었을지 상상해보라. 아마도 여러 가지 시나리오가 머릿속에 떠올랐을 것이다. 정신적인 사랑을 중시하고 성욕을 배척하고 경멸해온 그가 청혼을 했으니 어쩌면 자

Lou Andreas-Salomé

신의 결정을 후회했을지도 모른다. 하지만 당시의 보수적인 사회를 고려할 때 그녀의 평판을 실추시키지 않으면서 두 사람이 함께할 수 있는 방법은 결혼이라는 제도를 받아들이는 것뿐이다. 그는 심지어 가정을 꾸리고 유지하는 데 필요한 경제적인 수입까지 생각했다. 그래서 인세 수입을 늘리는 방법과 대학 교수라는 안정적인 직장을 갖는 것에 대해서도 고려했다.

그런데 모든 일이 순조롭게 진행되리라 생각했던 니체의 예상은 완전히 빗나가고 말았다. 살로메는 "결혼할 생각이 없다."고 대답했다. 너무나 간단하고 단호해서 더욱 잔인하게 느껴지는 그런 대답이었다. 사실 그녀는 니체가 하인리히 목사보다 현명하리라 기대했다. 그러나 두 남자 모두 정신세계와 세속적인 삶을 한데 묶으려 했다. 두 사람 모두 그녀를 제대로 이해하지 못한 것이다. 그녀는 보통사람과 다른 특별한 여성이었으며 그녀에게 철학은 단지 게임일 따름이었다. 지금 이 상황까지 발을 내디뎠다고 해서 함께 게임을 하던 파트너를 남편으로 받아들이겠다는 것을 의미하지는 않았다.

하지만 철인은 역시 철인이었다. 니체는 의기소침해지지 않았다. 그는 고대 그리스의 철학자를 본받아 세속적인 삶의 핵심인 결혼에 대한 미련을 버렸다. 살로메와는 여전히 영혼의 친구로 남았고 그 결과 정신적인 아들 자라투스트라Zarathustra가 태어났다. 살로메는 이 위대하고 가련한 철인이 청혼을 거절당한 뒤 마음의 상처

를 입지 않기를 바라며 시 한 편을 써서 보냈다. 그녀의 시는 니체
의 정신을 다시 안정적인 궤도에 오르게 도왔다.

당신에게 붙잡힌 뒤 빠져나갈 자 그 누구입니까?
자신을 주시하는 당신의 위엄 넘치는 눈빛을 느낀다면.
나는 나 자신을 구할 수 없습니다. 당신이 나를 취하신다면,
당신을 무너뜨리는 것 외에 무엇을 더 할 수 있을까요.
저는 영원히 믿지 못할 겁니다.

그래요,
당신은 분명 어지러운 세상의 모든 영혼을 돌보겠지요.
그 누구도 당신의 손에서 벗어날 수 없습니다.
삶은 당신이 없어도, 여전히 아름답습니다,
당신 또한 그렇게 살아가야 합니다.

니체가 고대 로마의 폭군 네로 황제와 비슷한 점이 많다고 지적
하는 사람도 있다. 프루동Pierre-Joseph Proudhon(19세기 프랑스의 무정부
주의 사상가)은 네로를 이렇게 묘사했다.

"네로는 예술가이자 서정극의 숭배자, 메달 수집가, 여행가, 검객
이었다. 그는 돈 후안이었으며 호색가였고 재치와 상상력, 동정심
이 넘치는 고매한 인물이었다. 그에게서는 삶과 향락에 대한 뜨거

Lou Andreas-Salomé

운 사랑이 넘쳐났다. 이 모든 것이 그가 왜 네로가 되었는지 그 이유를 설명해준다."

엄밀히 말하자면 네로의 몇몇 특징은 니체와는 전혀 다르다. 그러나 어떤 특징은 니체에게서 더 강하게 나타난다. 네로가 파괴에 능했다면 니체는 파괴 외에 창조에도 능했다. 이 위대한 창조자와 흉금을 터놓고 지낼 수 있다는 사실만으로도 살로메에게는 큰 기쁨이었다.

1882년 7월 살로메는 독일에서 니체와 그의 여동생 엘리자베스 Elisabeth Nietzsche를 함께 만났다. 이때 엘리자베스는 자신의 가족과 함께 여름을 보내자며 살로메를 초대했다. 살로메는 초대를 받아들여 8월 한 달 동안 토텐부르크Tautenburg에 있는 니체의 집에서 생활했다. 8월 14일, 살로메는 파울 레에게 편지를 썼다.

니체는 의지가 강한 사람이더군요. 어떤 면에서는 감수성이 매우 예민하기도 합니다. 니체와 대화를 나눌 때면 저는 매우 즐겁습니다. 당신도 이미 알고 있겠지만, 같은 이상과 감정에 대해 얘기할 때 서로의 영혼이 통하는 것을 느낍니다. 니체도 우리 두 사람의 유일한 차이는 나이일 뿐이며 우리는 삶과 생각이 완벽히 일치하다고 말했습니다.

'일치'라는 이 단어에서 파울 레는 다시 한 번 질투를 느꼈다. 니체의 또 다른 수호천사이자 그의 정신세계를 이해한다고 자처하는 동생 엘리자베스 역시 질투에 사로잡혔다. 그녀는 니체가 살로메에게 푹 빠져 있는 모습에 큰 자극을 받기 시작했다. 게다가 대부분이 남성인 니체의 친구들과 관습에 얽매이지 않고 스스럼없이 어울리는 살로메의 행동에, 서른여섯 살의 이 노처녀는 극도의 거부감을 느꼈다. 니체의 약점을 잘 알고 있는 그녀는 오빠의 철학에서 점점 살로메의 느낌이 난다고 비아냥거렸다. 철학계의 절대 지존을 자처하며 독자적으로 학문을 완성해온 그는 이 말로 자부심에 큰 상처를 입었고 살로메에 대한 호감이 줄어들기 시작했다. 사실, 살로메는 니체의 마음을 알아주는 지음지기知音知己였고 여러 분야에서 그와 생각이 통했다. 하지만 그녀는 결코 지켜야 할 선을 넘지 않았으며 다른 사람에게 예속되는 것 또한 원치 않았다. 그녀에게는 자신만의 원칙과 입장이 있었다.

때로 살로메는 니체의 생각에 회의를 품기도 했고 상반된 의견을 고집하기도 했다. 니체는 화를 내거나 화를 참지 못해 자리를 박차고 나가기도 했다. 이 괴팍한 성격의 남매를 견디다 못한 살로메는 결국 본국으로 돌아갔다. 때는 오곡백과가 풍성한 9월이었지만 이별의 서글픔은 니체와 살로메의 마음속에 오래도록 남았다.

살로메가 떠난 뒤, 니체는 아무 생각도 떠오르지 않았고 글도 쓸 수 없었다. 살로메의 어머니는 딸에게 말했다.

"니체와 함께 있으면 행복해질 수 없으니 잘된 일이다. 내가 말

한 행복이란 일반적인 세상의 행복을 뜻하는 거야. 그가 성인聖人이라고 해도 세상의 행복을 잃고 성인이 된들 무슨 소용이겠느냐? 그는 신을 모독했고 아프지 않은 곳이 없는 사람인데 미치지 않고서야 어찌 그런 사람에게 시집을 간단 말이냐? 시집을 간다 한들 평생 병수발을 들며 살아야 할 게다. 게다가 그의 어머니와 여동생을 보렴. 어떻게 해서든 너를 쫓아낼 궁리만 하고 있는 사람들이다. 그러니 잘된 일이야."

물론 살로메는 미치지 않았고 어리석지도 않았다. 당시 그녀는 두 개의 자아가 존재하는 것 같았다. 하나는 니체와 파울 레 두 철학자가 자신의 마음을 얻기 위해 경쟁하는 것을 보며 만족을 느끼는 허영으로 가득찬 자아였다. 다른 하나는 니체가 파울 레를 가리켜 언제든 독약을 먹고 자살할 준비가 되어 있는 겁쟁이라고 욕할 때 그런 니체를 경멸하는 이성적인 자아였다.

엘리자베스는 다시금 살로메를 자극했다. 살로메가 니체와 교제하는 이유는 오로지 허영심을 채우기 위해서이며, 니체는 결코 그녀를 사랑한 적이 없다는 것이다. 이 말을 전해들은 살로메는 인격적으로 참을 수 없는 모욕을 느낀 나머지 이 남매와의 인연을 끊기로 결심했다. 그리고 얼마 지나지 않아 살로메는 파울 레와 동거를 시작했다. 이로써 니체는 자신의 고독과 고통을 덜어주고 용기와 희망을 불어넣어주던 천사를 영원히 잃게 되었다. 살로메를 향한 그의 비난은 그의 충격이 얼마나 컸는지를 여실히 보여준다.

"나를 도와줄 사람을 찾았다고 생각했다. 한때는 그녀가 높은 지성과 고결한 도덕심을 가졌다고 생각했다. 하지만 알고 보니 그녀는 아주 이기적인 사람이었다. 그녀는 뻔뻔스럽게도 이 세상에서 가장 위대한 천재를 자신의 노리개로 삼으려 했다."

파울 레는 니체의 편지를 읽고 과연 공감했을까? 살로메와 파울 레의 동거는 1년을 넘기지 못했다. 파울 레가 의학공부를 계속하기 위해서이기도 했지만, 두 사람은 서로 뜻이 맞지 않았다. 그로부터 18년이 지난 뒤 우울증에 시달렸던 파울 레는 결국 자살을 선택했다.

살로메라는 천사와 이별한 뒤 니체는 정신적 아들 자라투스트라와 불완전한 가정을 이루며 살 수 밖에 없었다. 그래서 삶이 끝나는 순간까지 홀로 정신착란이라는 어두운 터널에서 방황해야 했다. 어느 날 거리로 뛰쳐나간 그는 마부가 내리치는 채찍에 맞아 괴로워하는 말의 목을 끌어안고 눈물을 흘리며 "나의 형제여!"라고 외쳤다.

마음이 통했던 파트너와 춤을 출 때는 즐거웠지만 결국은 그 춤은 고통으로 끝나고 말았다. 그러나 이 정신적인 고통을 통해 니체는 위대한 철학서《자라투스트라는 이렇게 말했다》를 발표하며 자신의 초인철학超人哲學을 완성했다. 다른 한편으로 니체가 겪은 정신적 고통의 부작용은 매우 심각했다. 인생의 마지막 7년간 니체는

Lou Andreas-Salomé

여성을 극도로 원망하고 경멸했다. 그가 남긴 "여인에게 가는가? 잊지 말고 채찍을 가져가라."라는 말은 루 살로메 한 사람을 향한 독설만은 아니었다.

살로메는 아무도 사랑하지 않음으로써 모두를 사랑했다. 이는 원래 니체의 생각이었으니 그는 결코 살로메를 원망해서는 안 된다. 그녀는 선지자의 머리를 베어 잔인한 키스를 퍼붓던 성경 속의 살로메와는 달랐다. 니체가 세상을 떠난 지 4년이 되던 해에 살로메는《니체 평전Friedrich Nietzsche in seinen Werke》을 출간했다. 두 사람이 서로를 신뢰하고 의지하며 보낸 아름다운 시간을 기념하는 책이기도 했다.

릴케와 추는 왈츠

니체와 헤어진 후 살로메의 재능이 서서히 세상에 알려지기 시작했다. 그녀는 명상록《신과의 투쟁Im Kampf um Gott》과 소설《루트Ruth》를 연이어 발표하며 유럽에서 대중적인 명성을 얻었다. 이때부터 그녀는 니체와 파울 레의 연인이라는 꼬리표를 떼어버릴 수 있었다. 다른 사람의 마음을 잘 헤아리던 친절하고 아리따운 아가씨 루 살로메가 이제 매력과 재능이 넘치는 여성으로 변신했음을 누구도 부인하지 못했다.

26세 때 그녀는 또 한 번 세상을 놀라게 했다. 언어학 교수 프리드리히 칼 안드레아스Friedrich Carl Andreas와 결혼을 발표한 것이다. 살로메보다 열다섯 살이 많은 이 노학자는 그녀에게 자신의 마음을 받아주지 않으면 자살하겠다고 위협했다. 과거의 프리드리히와 지금의 프리드리히가 그녀의 마음을 얻기 위해 선택한 방법과 승패 모두가 확연히 달랐다. 이 고매한 언어학 교수는 다른 사람으로부터 찾기 힘든 장점이 있었다. 바로 살로메의 자유를 구속하지 않았다는 점이다. 이렇게 해서 살로메는 결혼이라는 보호막 속에서 마음껏 자유를 누릴 수 있었고 특히 다른 남자들을 자유롭게 만날 수 있었다.

시인으로 명성을 얻기 전인 스물두 살, 라이너 마리아 릴케는 무도회에서 서른여섯의 살로메를 만나는 행운을 얻게 되었다. 여전히 매력이 넘쳤던 살로메는 상대방의 재능을 알아보는 혜안이 있었다. 릴케는 체구가 작고 허약했으며 수줍음이 많았지만 몇 차례 만남이 이어진 뒤 살로메는 그가 잠재력이 큰 천재임을 간파했다. 원석과 같은 그의 재능을 시간을 들여 갈고 다듬는다면, 분명 유럽을 환히 비출 금광석으로 바뀌어 문단에서 최고의 자리에 오를 것이라 확신했다. 한때 니체가 그녀의 길을 이끄는 인도자였듯이 이제 그녀는 기꺼이 릴케의 앞길을 밝히는 등불이 되고자 했다.

릴케는 체코의 수도 프라하에서 태어났고 그곳에서 스물한 살까지 자란 후 서유럽으로 건너왔다. 그는 선언했다.

Lou Andreas-Salomé

최고의 시인이자 에로스의 비호를 받은 행운아 릴케

"나는 스스로의 입법자이자 국왕이 될 것이다. 내 위로는 아무도 없다. 신조차 없다."

낯선 타국에서 그의 여린 영혼은 모성애, 애정, 학문, 명예를 갈구했다. 그는 이 네 가지를 살로메에게서 찾았다. 살로메는 처음으로 만난 지혜롭고 대범하며 넓은 이해심과 포용력을 가진 여성이었다. 오만함이 하늘을 찌른 철인의 왕 니체마저도 그녀의 발 앞에 무릎을 꿇은 이유를 알 수 있었다.

만난 지 얼마 지나지 않아 릴케는 살로메에게 사랑의 편지를 보냈다. 남녀관계에서 일어나는 '자극-반응'에 익숙한 그녀였지만 그의 편지를 읽은 뒤 감탄이 절로 나왔다.

"얼마나 가녀리고 수줍은 영혼인가, 그가 가진 예술적 잠재력은 무궁무진하다!"

그동안 살로메는 오직 천재들과 영혼의 춤을 추었다. 따라서 릴케를 파트너로 선택했다는 것은 곧 그를 천재로 인정하는 것이었다. 릴케의 외모는 볼품없었으나 니체처럼 뼛속 깊이 스며 있는 고독감과 시공을 초월한 감수성만으로도 그녀의 파트너가 되기에 충분했다. 니체의 영원회귀 사상에 따르면 어쩌면 살로메에게 릴케는 또 다른 니체가 아니었을까. 살로메가 니체에게 주지 못했던 사랑을 릴케에게 쏟아 부을 수 있었던 것은 운명의 뜻이었다.

살로메를 향한 릴케의 고백은 절절했다. 그것은 연기 없는 불꽃, 아무것도 섞이지 않은 순수한 불꽃이었다.

Lou Andreas-Salomé

나는 당신을 통해 세상을 봅니다. 하지만 이렇게 해서 제가 보게 되는 것은 세상이 아니라 오로지 당신, 당신 뿐입니다. 당신의 그림자를 볼 수만 있다면 나는 당신에게 기도하겠습니다. 당신의 목소리를 들을 수 있다면 당신을 향한 나의 믿음을 조금도 의심하지 않겠습니다. 당신을 볼 수만 있다면 어떤 고통도 감수하겠습니다. 당신을 따르기 위해서라면 당신 앞에 무릎을 꿇겠습니다.

릴케는 자신의 시에서도 살로메를 향한 찬사와 사랑을 담았다.

나의 눈을 감겨도 나는 당신을 볼 수 있습니다.
나의 귀를 막아도 나는 당신의 소리를 들을 수 있습니다.
다리가 없어도 나는 당신 곁으로 갈 수 있고
입이 없어도 여전히 당신에게 기도할 수 있습니다.
나의 두 팔을 자른다 해도 나는 당신을 안을 수 있습니다.
손으로 감싸 안듯 나의 심장으로써
나의 심장을 들어내도 나의 뇌는 멈추지 않을 겁니다.
당신이 나의 뇌에 불을 지르면
나의 흐르는 피로써 당신을 여전히 들어 올리겠습니다.

릴케의 작품은 그동안 차분함과 냉정함을 유지해왔다. 살로메에 대한 열정이 없었다면 이처럼 심금을 울리는 시를 쓸 수 없었을 것이다. 릴케의 깊은 사랑은 살로메의 마음을 열었다. 어떤 남성도 발을 들이지 못했던 성역에 릴케가 들어선 것이다. 릴케는 잠자고 있던 그녀의 모성애를 일깨웠다. 살로메에게 이 새롭고 낯선 감정은 너무나 신비롭고 아름다웠다. 두 사람은 유럽을 여행하며 철학에 대해 토론했고 시를 썼으며 노래를 불렀고 친구들을 만나 즐거운 이야기를 주고 받았다. 야외에서 소풍과 사냥을 즐겼고 달빛 아래에서 수영을 했으며 꽃밭에서 키스를 나눴다.

릴케는 엄마의 옷자락을 부여잡은 아이처럼 한시도 살로메의 곁을 떠나지 않았다. 그리스 신화의 거인 안타이오스^Antaios가 땅에 몸이 붙어 있는 한 어머니인 대지의 여신 가이아의 능력으로 큰 힘을 발휘하듯이, 살로메는 릴케의 대지였고 정신적인 어머니였다. 그녀 곁에 있을 때 릴케는 영감이 넘쳐 주체하지 못할 정도였다. 그러나 그녀가 남편 안드레아스에게 돌아가고 나면 릴케는 고독과 그리움의 수렁에 빠져서 창작에 대한 의욕도 열정도 잃었다. 이때마다 살로메는 편지를 써서 그를 위로했다.

마음을 편히 가져라. 진정한 예술가는 끝없는 고독과 기나긴 고통을 견디게 마련이다. 너는 잠자코 대답을 기다려야 한다. 참고, 참고 또 참아라. 언젠가는 빛을 발하며 날개를 펴고 높이 날아오를 수 있을 터. 언젠가는 내가 너의 곁으로 다시

Lou Andreas-Salomé

돌아가게 되듯이.

이 편지에는 어머니의 당부 같은 사랑의 가르침이 담겨 있다. 릴케는 살로메에게서 어머니의 사랑과 연인의 사랑을 동시에 받으며 인생의 행복을 체험했다. 이때 살로메는 릴케의 천재적 재능이 잘못된 길로 들어설지 모른다는 걱정에 대학에서 지식을 보충하고 이론적인 소양을 쌓을 것을 충고했다. 또한 내면세계로부터 나와 현실을 체험할 것을 권했다. 그녀의 도움에 힘입어 릴케는 서사적이면서 주관적인 자아에서 방향을 돌려 다양한 세계를 관찰하고 이를 시로 표현했다.

살로메는 이제 막 재능을 발휘하기 시작한 천재가 무절제한 사랑의 열기 때문에 머리가 타들어가는 것을 원치 않았다. 그녀는 그에게 자유와 더불어 고독을 선사했고 릴케 역시 이를 받아들여 자신만의 공간과 시간을 가졌다. 살로메는 릴케를 최고의 시인으로 만들기 위해 사소한 부분까지 관여했다. 심지어 그의 이름 르네René 가 너무 유약해 보인다며 라이너Rainer로 바꿔 불렀다.

서른여덟 살 때 살로메는 20년간 떠나 있던 고향 러시아로 여행을 떠났다. 남편 안드레아스와 릴케도 함께했다. 세 사람의 여행은 다른 이들에게는 어색하게 느껴질 수 있겠지만, 그들에게는 두 명의 호위병이 여왕을 모시는 것으로 받아들여졌다. 실제로 여행과 관련된 모든 일을 살로메가 결정했으니 그녀가 바로 여왕이었다.

이 여행에서 살로메와 릴케는 많은 것을 얻었다. 릴케는 러시아의 광활한 토지와 그곳에 사는 순박한 농민들의 삶을 체험할 수 있었다. 서유럽에서는 찾아볼 수 없었던 소재와 거기에 담긴 활력, 그리고 신선함은 릴케에게 매우 인상적이었다. 살로메의 경우 이 여행은 삶의 의미를 발견하는 계기가 되었다. 고향에 도착한 그녀는 오랫동안 만나지 못한 친지, 동료들을 만났고, 기억의 근원을 찾았으며, 다시 한 번 청춘의 빛을 밝히려는 의욕까지 갖게 되었다.

이듬해인 1900년, 살로메와 릴케는 두 번째로 러시아 여행을 떠났다. 두 사람은 안톤 체호프와 막심 고리키를 방문한 다음 툴라^{Tula} 주에 위치한 야스나야 폴랴나^{Yasnaya Polyana}로 가서 72세의 톨스토이를 만났다. 꽃향기 가득한 화원에서 그들은 러시아 농촌을 개조하려는 톨스토이의 계획을 들었고, 서유럽 문화의 허위와 경박함에 대한 비판을 들었다. 톨스토이의 부인 소냐도 만날 수 있었다.

두 차례의 러시아 여행을 마친 후, 살로메는 릴케에게 심리적 이유기가 왔다고 판단했다. 릴케는 이제 모성애와 애정이 뒤섞인 감정에서 벗어나 독립을 선언하고 성장할 때가 된 것이다. 그러나 릴케는 결별을 받아들이지 못했고 자신이 버림받았다고 느꼈다. 그로부터 1년 뒤 그는 로댕의 제자인 화가 클라라 베스트호프^{Clara Westhoff}와 결혼했다. 살로메에 대한 원망 때문에 선택한 이 결혼은 결코 행복하지 못했다. 그러나 시간이 지나 고통스런 이별의 그림자에서 벗어난 릴케는 새롭게 마음을 가다듬고 창작의 새로운 경지에 올랐

Lou Andreas-Salomé

다. 1903년에 쓴 시 〈표범, 파리의 식물원에서The Panther, In the Jardin des Plantes, Paris〉는 현대시의 실증적 인식의 특징을 뚜렷하게 나타내며 새로운 감동을 주었다.

릴케는 살로메와 헤어진 지 26년 후, 세상을 떠났다. 살로메는 회고록《생애의 회고Lebensrückblick》에서 "나는 릴케의 아내였다."라고 고백했다. 이 대범한 고백은 살로메가 릴케와의 사랑을 얼마나 소중하게 여겼는지 보여준다. 그녀가 예언했듯이 릴케는 유럽 시단에서 최고의 자리에 올랐다. 살로메와 릴케가 함께 춘 춤은 격정과 지혜가 넘치는 아름다운 앙상블이었다.

프로이트와의 탱고

1902년, 살로메는 불륜과 부정, 성도착증을 다룬 심리소설《중도착륙Im Zwischenland》을 발표했다. 여성 작가에게는 금기시되어 온 성에 대한 책《성Die Erotik》을 써 세상을 깜짝 놀라게 만들기도 했다. 이책에 따르면 사랑은 혼인관계를 벗어나서도 가능했다. 즉 배우자에게서 위안과 도움을 얻을 수 있지만 또 다른 관계를 통해서도 에너지와 쾌락을 얻을 수 있다는 것이다.

살로메는 삶의 원동력이며 인간성의 본질을 가장 잘 나타내주기 때문에 성을 고귀하고 성스러운 것으로 여겼다. 또 섹스와 사랑의 융합을 중요하게 보았다. 이와 관련해 그녀는 육체적인 쾌락과 진정한 사랑 사이에서 혼란을 느낀 한 여성의 일화를 소개했다.

어느 날 밤, 그는 여관에서 애인을 기다리고 있었다. 그런데 갑자기 무척 혼란스러워졌다. 이 모든 것이 잘못됐으며 자신은 애인을 진심으로 사랑하지 않는 것 같았다. 이제 어떻게 해야 할까? 그녀는 서둘러 여관에서 나와 마차를 타고 가까운 도시로 가서 다른 여관에 묵었다. 그러나 여장을 풀기도 전에 자신의 행동이 너무나 우습게 느껴졌다. 정말로 그를 사랑하고 있음을 깨달은 것이다. 하지만 애인과 떨어져 있으니 어떻게 그리움을 달랠 수 있을까? 그녀는 수중에 지니고 있던 애인의 편지를 떠올렸다. 그리고는 편지를 꺼내 입에 넣고 삼켜버렸다.

살로메의 인생에 로맨스는 쉬지 않고 찾아왔다. 릴케가 떠난 뒤 의사 프리드리히 피넬레스Friedrich Pineles가 그녀의 새 애인이 되었다. 피넬레스는 살로메가 자신의 아이를 임신한 사실을 알고는 안드레아스와 이혼할 것을 요구했지만 거절당했다. 얼마 후 살로메는 사과를 따다 넘어지는 바람에 유산을 하고 말았다. 이 의사 역시 스쳐 지나가는 인연에 불과했지만 살로메는 그를 통해 임신의 기쁨을 느낄 수 있었다. 피넬레스 외에도 스웨덴의 정신과 의사 파울 브예레

살로메의 스승이자 벗이었던 프로이트

Poul Bjerre가 살로메의 마음을 차지했는데 그가 바로 살로메에게 프로이트를 소개해 준 사람이다.

살로메는 프로이트의 이론, 특히 무의식과 본능, 그리고 꿈의 해석 등에 흥미를 느꼈다. 프로이트의 이론은 결코 무미건조하지 않았고 그의 비유는 생동감이 넘쳤다. 그는 '무의식'을 넓은 홀에 비유했다. 이 홀에 모여 있는 여러 욕망은 '전의식'이 통제하는 응접실로 뛰어가 그곳 주인인 '의식'의 관심과 주목을 받으려 한다. 그러나 문 밖에 서 있는 보초가 응접실 안으로 들어오려는 욕망들을 막아낸다. 저지당한 '무의식' 속 욕망들은 그러나 포기하지 않는다. 혼란한 틈을 타 현관을 넘기만 하면 '의식'의 영접을 받을 수 있기 때문이다. 그리고 다시 저지를 당하면 위험하고 변태적인 심리로 모습을 바꾼다. 정신분석학의 주요 목적은 이 보초를 없애서 무의식과 의식이 만나도록 이어주는 것이다.

프로이트의 이론은 매우 전위적이었다. 그는 인류가 이전까지 차마 말하지 못했던 성욕을 연구대상으로 삼아 '공중도덕을 해치려고 작심한 색마'라는 비난까지 들었다. 그러나 살로메에게 프로이트는 학술계에 새로운 영감을 가져온 프로메테우스였다. 살로메가 쓴 《성》과 《물질적 사랑》의 주제도 결국은 인간이라면 누구나 가지고 있는 '욕구'였다. 이 두 작품을 쓸 당시에는 해당 주제에 대해 깊이 이해하지 못했지만 프로이트의 이론을 통해 그녀는 핵심을 파악할 수 있었다.

Lou Andreas-Salomé

1912년 가을, 오스트리아 빈으로 간 살로메는 프로이트의 문하에서 공부를 시작했다. 엄밀히 말하면 두 사람의 관계는 스승과 제자가 아니라 동료였다. 서로 상대방의 관점을 인정했고 자신의 생각을 강요하지 않았다. 두 사람 모두 우열을 가리기 어려운 천재로 서로에게 선의의 경쟁자가 되었다. 이들은 연구에 몰두했고, 세상이 정해놓은 상식에서 벗어난 언행으로 주변에 많은 적을 두었으며, 명성에 연연하지 않고 고독을 즐겼다. 반면 사랑에 관해서는 생각이 크게 달랐다. 프로이트는 사랑이라는 불확실한 감정에 매몰되어 혹시라도 상처입지 않을까 두려워했다. 그래서 그는 즐거움과 기쁨과 같은 불확실한 감정은 피하고 확실한 학문과 지식에만 마음을 쏟았다. 한편 살로메는 감정과 이성에서 모두 즐거움을 찾는 모험가였다. 그녀는 쉼 없이 바뀌는 감정과 욕망을 능수능란하게 조절했다. 물론 고통과 이별, 상처가 따랐지만 이러한 감정의 부정적인 단면들조차 인생을 완성시키는 부분으로 받아들였다.

정신분석학자에게는 성역이 없다. 보통사람이 차마 말하기 어려운 분야들이 정신분석학자들에게는 에덴동산이다. 두 사람 역시 거리낌 없이 성욕에 관해 토론하곤 했다. 한 번은 정신분석학자들이 모여 토론을 할 때 살로메가 그들의 대화를 들으며 뜨개질을 하고 있었다. 이때 한 학자는 살로메를 가리키며 그녀의 뜨개질은 여성이 잠재의식 속에서 끊임없이 섹스를 갈망하는 마음을 표현하고 있다고 말했다. 물론 살로메는 화를 내거나 모욕을 당했다고 생각하지 않았다.

살로메를 흠모하던 많은 남성 가운데 그녀의 마음을 사로잡은 사람은 프로이트의 가장 뛰어난 제자 빅토르 타우스크Viktor Tausk였다. 살로메는 이미 51세에 접어들었지만 35세의 젊고 잘생긴 남성도 반할 만큼 여전히 매력이 넘쳤다. 릴케 이후 살로메는 또다시 아들뻘의 남성과 사랑을 하게 된다. 사람들은 살로메가 타우스크에게 성적인 만족보다는 정신적인 위안이 되었을 거라고 생각했지만 사실은 그렇지 않았다. 그녀는 타우스크와 불꽃처럼 맹렬한 사랑을 나눴고 자신의 사랑을 통해 그의 안에 있던 맹수와도 같은 원시적인 에너지를 분출시켰다. 하지만 애정관은 매우 달랐다. 타우스크는 안정적이고 지속적인 관계를 원한 반면 살로메는 변화를 좋아했고 짧은 만남을 원했다. 그녀는 여성에게 필요한 것은 상대방이 아닌 자기 자신에 대한 정절이라고 생각했다. 남성에 대해 정절을 지키지 않는 것은 자아로의 회귀이므로 결코 음탕하거나 상대방을 속이는 것이 아니라고 보았다.

살로메에게 사랑은 한때의 폭풍이며 무지개이자 신기루였다. 이것을 결혼이라는 틀에 가둔다는 것은 현실적이지 못하며 현명한 처사가 아니었다. 그러다보니 타우스크의 외도는 일찌감치 예견된 일이었고 살로메가 독일로 돌아갔을 때 그것은 기정사실이 되었다. 후에 타우스크는 정신분석 전문가가 되어 개인 진료실을 운영했다. 그리고 음악가인 여성과 사랑을 나누며 남부럽지 않은 인생을 살았

Lou Andreas-Salomé

다. 그러나 그는 1919년에 권총으로 자살했다. 이 충격적인 소식을 들은 살로메는 프로이트에게 편지를 썼다.

"불쌍한 타우스크, 한때는 그를 사랑했고 그를 이해했다고 여겼지만 그가 스스로 목숨을 끊을 줄은 생각도 못했어요. 그가 선택한 방법은 일종의 폭력이자 극도의 고통에서 벗어나려는 인간의 마지막 선택이었습니다."

이미 삶과 죽음에 대해 초연했던 살로메는 연민과 안타까움을 표현하는 상투적인 말은 쓰지 않았다.

제1차 세계대전의 참혹함을 경험한 살로메는 인간의 욕망 가운데 가장 추하고 가장 어두운 일면을 뚜렷이 확인했다. 이는 단지 일부 군사집단의 죄가 아니라 인류 전체의 죄였다.

그녀는 자신의 글에서 전쟁범죄에 대한 반대의사를 여러 차례 표명했고, 정신분석으로 환자들을 위해 봉사하겠다고 밝혔다. 1921년부터 살로메는 정신과 의사로서 매일 10시간 이상을 일했다. 프로이트는 무리하지 말라고 충고했지만 그녀는 피곤한 몸을 이끌고 의료현장에 뛰어들었다. 그녀의 노력으로 심리적으로 고통받고 있던 많은 환자가 새로운 삶의 희망을 얻었다. 이는 놀라운 성과이며 훌륭한 공헌이었다.

자기 영혼의 주재자

살로메를 기억하는 이들은 생명이 꺼져가는 순간까지 그녀의 눈빛은 서광처럼 빛났다고 회고했다. 그녀는 보통사람과 달랐고 사람들 역시 그녀의 다른 점을 한눈에 알아보았다. 그녀는 다른 사람의 생각을 꿰뚫어보는 능력을 타고났으며, 특히 누군가를 사랑할 때 그녀의 통찰력은 상대방의 정신에 불을 밝히는 역할을 했다. 그녀의 또 다른 특별한 능력은 운명마저 그녀의 지휘에 따랐다는 것이다. 살로메는 운명을 스스로 결정한 여성이었다. 그녀는 천재들의 뒤를 따르며 그들이 떨어뜨린 이삭을 줍는 것이 아니라, 천재들과 어깨를 나란히 하며 때로는 그들을 앞서가기까지 했다.

여동생 베티나를 가리켜 달빛처럼 순결하면서도 음탕한 요부와 같다던 클레멘스 브렌타노의 평가는 평생 스캔들이 끊이지 않던 살로메에게도 적용할 수 있을 것이다. 다른 점이 있다면 살로메가 훨씬 더 큰 영향력을 발휘했다는 것이다. 세속적인 관점에서 보면, 그녀를 사랑했던 남성 모두 행복한 결말을 맺지 못했다. 니체, 피넬레스는 평생 독신으로 살았고, 파울 레와 타우스크는 자살로 삶을 끝냈다. 그녀의 매력이 일으킨 폭풍은 천재들의 인생을 흔들어놓았을 뿐만 아니라 이들이 하늘 높이 비상하도록 날개를 받쳐주는 힘이 되었다. 니체의 철학과 릴케의 작품 곳곳에서 살로메로부터 영감을 받은 흔적을 찾을 수 있다. 프로이트마저 살로메라는 폭풍에 흔들

Lou Andreas-Salomé

렸으며, 그녀와 나눴던 잔잔한 미풍 같은 우정 역시 이 대학자에게 커다란 영향을 끼쳤다.

최고의 지성 루 살로메는 보수적인 20세기 유럽에서 여성으로서는 얻기 힘든 자유를 누렸다. 그녀는 유럽 문화사에서 기적을 이뤘고 큰 주목을 받았다. 그녀에게 붙여진 니체의 '서광', 릴케의 '성모', 프로이트의 '길조'라는 수식어는 조금도 과장된 것이 아니다. 그녀는 위대한 영혼과 파트너가 되어 환상적이고도 완벽한 춤을 추었다.

우리는 살로메에게서 인생에 꼭 필요한 세 가지 열정을 찾을 수 있다. 사랑을 향한 끊임없는 염원, 진리를 향한 끝없는 탐구, 인간의 고달픈 삶을 향한 마르지 않는 연민이 그것이다. 이 세 가지 열정이 그녀를 남다른 매력과 독특한 개성으로 빛나게 했다. 세상을 놀라게 했던 천재들마저 하나같이 그녀의 발밑에 무릎을 꿇고 그녀에게 열광하고 그녀로 인해 아픔을 느꼈다.

살로메는 한 명의 천재에게 온 마음을 쏟을 수는 있었지만 그와 철저히 하나가 될 수는 없었다. 이것이 바로 그녀 인생에서 진정한 비극이었을지도 모른다. 그녀는 자신의 강렬한 개성으로부터 해방되고 싶었지만 끝내 구원을 얻지 못했다고 말하는 사람도 있다. 그러나 살로메는 인생의 자유를 누리고 정신적인 고지에 우뚝 선 승자이다. 그녀는 스스로 자기 영혼의 주재자가 되었기 때문에 굳이 타인인 신을 향해 머리를 숙일 필요가 없었다.

말년에 접어든 살로메는 당뇨병을 앓았고 온몸에 종양이 퍼져 유방을 절제해야 했다. 그러나 결코 불평하지 않았고 어떠한 동정도 받아들이지 않았다. 그리고 1937년 2월 5일 밤 세상을 떠나는 마지막 순간까지 자신의 일을 손에서 놓지 않았다.

Lou Andreas-Salomé

맨발의

이사도라 던컨

1877년 5월 27일 ~ 1927년 9월 14일

국적 미국

가정환경 빈곤

부친 조셉 찰스 던컨(Joseph Charles Duncan, 시인)

모친 메리 이사도라 그레이(Mary Isadora Gray, 피아니스트)

남편 세르게이 예세닌(Sergei Yesenin, 시인)

자녀 1남 1녀(모두 어린 나이에 자동차사고로 사망)

직업 무용가

영예 공인된 '세계 현대무용의 어머니'

ISADORA DUNCAN

마이 라이프

현대무용의 창시자 이사도라 던컨과 관련해 널리 알려진 일화가
있다. 그녀는 저명한 극작가 버나드 쇼George Bernard Shaw에게 편지로
자신의 마음을 고백했다.

"만일 당신과 부부의 연을 맺는다면 나의 아름다운 얼굴과 당신
의 비상한 두뇌를 물려받아 세상에서 가장 완벽한 아이가 태어날
거에요."

버나드 쇼는 특유의 재치와 유머로 그녀의 고백을 거절했다.

"당신의 생각이 아주 훌륭하기는 하나, 나로서는 한 가지 걱정을
떨칠 수가 없군요. 그 아이가 나의 얼굴과 당신의 두뇌를 닮는다고
생각해보시오. 이보다 끔찍한 일이 어디 있겠소!"

하지만 이 일화는 근거 없는 헛소문에 불과하다. 그녀를 잘 알지

Isadora duncan

던컨의 초상

못하는 사람들은 이 일화만 듣고 이사도라 던컨을 외모만 매력적이며 머리는 빈, 백치미인으로 생각한다. 그러나 그녀는 이 괴팍한 아일랜드 늙은이 버나드 쇼와 아무 관련도 없다. 버나드 쇼는 영국의 유명한 여배우 엘렌 테리Ellen Terry와 장장 30년에 걸쳐 편지를 주고받으며 사랑을 나눴다. 또한 이사도라 던컨은 당시 유명 여성인사 가운데서도 명석한 두뇌를 자랑했다. 가지 많은 나무에 바람 잘 날 없다는 말처럼 그녀의 명성을 시기한 사람들이 터무니없는 이야기를 지어내 그녀의 명성에 흠집을 내려 했던 것 뿐이다.

던컨은 이와 같은 세인들의 '특별대우'에 이미 단련되어 어떤 소리에도 흔들리지 않았다. 자서전인 《마이 라이프》 첫 장에서 그녀는 매우 담담한 어조로 이렇게 적고 있다.

"어느 날 아침, 커피를 마시며 조간신문의 비평란을 펼쳤다. 나를 가리켜 천사처럼 아름답고 대단한 재능의 소유자라고 평하는 글을 읽고 흡족한 미소를 지으며 다음 장을 넘겼다. 거기에는 나를 가리켜 아무 재주도 없는 못생긴 괴물이라는 글이 있었다."

예술에 대한 생각과 느낌은 사람마다 달라서, 칭찬을 하는 사람들은 그 예술가를 하늘 높이 띄워주기도 하지만 비난하는 사람들은 그를 지옥 밑바닥으로 떨어뜨리곤 한다.

영혼의 무용가 이사도라 던컨은 더없이 강한 추진력과 넓은 도량으로 자신의 꿈을 이루었다. 그녀를 알면 알수록 사람들은 더 큰 매력을 느끼게 된다. 그녀는 자신의 삶을 통해 자유에 대한 열정,

Isadora duncan

개성의 존중, 도전 등 미국의 정신을 전 세계에 알렸다.

결심한 것을 미루거나 포기하지 않는다

재능을 타고난 아이에게 가장 필요한 것은 무엇일까? 가장 흔한 대답은 관심, 사랑, 충분한 영양, 장난감, 함께 놀아줄 상대, 좋은 선생님, 동화책 등이다. 이런 조건이 주어진다면 아이가 훌륭한 인재로 성장할지도 모르겠다. 문제는 부모들의 기대가 여기에 그치지 않는다는 점이다. 그들은 자녀가 또래들보다 월등히 우수하기를 바란다. 즉, 천재가 되기를 바라는 것이다. 이런 희망이 실현되기 위해서는 꼭 필요한 것이 있다. 바로 '적절한 고생'이다.

던컨이 받은 첫 번째 인생수업은 부모의 이혼과 가난한 집안 형편을 받아들이는 것이었다. 다행히 무용가로서의 재능은 이런 환경에 별다른 영향을 주지 않았다. 음악 교사인 어머니는 바빠서 2남 2녀(이사도라 던컨은 막내였다.)의 자녀들을 보살필 충분한 시간이 없었다. 덕분에 아이들은 아무 구속도 받지 않고 마음껏 자유를 누리며 자랐다.

이사도라 던컨은 사슴 썰매를 타고 크리스마스 선물을 전해주는 산타클로스가 존재하지 않는다는 사실을 아주 어렸을 때부터 알았다. 어머니가 자녀들에게 어떻게 살아야 하는지를 가르치면서 산타

클로스의 진실까지 모두 알려주었기 때문이다.

"세상에는 산타클로스도 하느님도 없단다. 너를 도와줄 수 있는 것은 오로지 너 자신, 바로 너의 정신뿐이다."

어머니의 말은 던컨의 인생에 큰 영향을 주었다. 던컨은 가난을 불평하지 않았을 뿐 아니라 어머니를 도와 집집마다 찾아다니며 옷감을 팔았고 그 일에 자부심을 느꼈다.

"나는 부모들이 돈을 많이 벌어서 자녀에게 물려주겠다는 말을 들을 때마다 자녀가 스스로의 힘으로 목표를 성취하는 기쁨을 그 부모가 빼앗는 것이라고 생각한다. 재산을 많이 물려줄수록 자녀는 약해진다. 가장 귀중한 유산은 자녀에게 스스로 일어서서 인생을 개척하도록 기회를 주는 것이다."

시인이었던 아버지는 그녀에게 한 푼도 물려주지 않았다. 그녀는 가난을 견뎌내야 했고 행복과 명예를 얻기 위해 스스로 노력했다.

"어머니는 물질적인 조건을 중요하게 여기지 않으셨고 자식들에게도 집, 가구, 재산 등에 연연하지 말라고 가르치셨다. 나는 이런 어머니를 본받아 평생 값나가는 보석으로 치장한 적이 한번도 없다. 어머니는 이런 물건들은 모두 정신을 속박하는 수갑이라 하셨다."

던컨의 어머니는 일하느라 바빴지만 자녀들에게 말과 행동으로 인생을 살아가는 방법을 직접 보여주었다.

자유는 아무 구속 없이 마음껏 상상의 나래를 펼 수 있게 도와주

Isadora duncan

자유분방한 춤의 요정 던컨, 영화의 한 장면

며 창작의 영감을 불어넣어주는 힘이다. 이사도라 던컨이 태어난 곳은 샌프란시스코의 해변도시였다. 하늘 높이 솟구쳤다가도 한없이 떨어지는 변화무쌍한 파도의 움직임은 어린 소녀에게 춤에 대한 열정을 심어주었다. 스승에게 사사하지 않고 스스로 춤을 터득했다 지만 사실 그녀의 스승은 대자연이었다.

열두 살 때, 이사도라 던컨은 자신의 운명을 개척하기 위해 뉴욕으로 갔다. 그곳에서 어거스틴 달리Augustin Daly가 운영하는 극단에 들어가 한동안 단역을 전전했다. 다른 배우들로부터 냉대를 받을 때도 그녀는 이를 악물며 참았고, 차비를 아끼기 위해 먼 길을 걸어 다녔다. 미국에서 자신의 현대무용을 알아주는 사람이 없다는 것을 깨닫자 런던으로 가서 꿈을 이루고자 했다. 여비를 마련하기 위해 부자들을 찾아가 후원을 요청했고 첫 후원자에게 50 달러를 받았다. 이어서 어느 돈 많은 미망인을 찾아갔다. 독실한 기독교인이었던 이 노부인으로부터 두둑한 후원금을 받으리라는 기대감에 부풀어 던컨은 이렇게 말했다.

"언젠가 제 이름이 세상에 알려지면 분명 사람들은 미국 예술의 가능성을 알아본 당신의 안목에 찬사를 보낼 겁니다."

그런데 결과는 그녀의 예상과 너무 달랐다. 노부인이 건네준 수표에는 50 달러만이 적혀 있을 뿐이었다. 게다가 주름 가득한 얼굴로 노부인은 한 마디를 덧붙였다.

"나중에 돈을 벌면 꼭 갚아야 한다."

Isadora duncan

그렇게 모은 후원금은 모두 300 달러에 불과했다. 경비를 아끼기 위해 그녀와 가족들은 소를 운반하는 화물선에 탈 수밖에 없었다. 여행 내내 이사도라 던컨과 오빠 레이먼드Raymond Duncan는 고통스러워하는 소들의 눈물을 지켜봐야만 했다. 배에서 내리면 곧 도축장에 끌려갈 소의 운명을 생각하니 측은한 마음이 들었다. 이 일을 겪은 후 레이먼드는 채식주의자가 되었다.

안개에 뒤덮인 도시, 런던에 도착한 뒤 던컨 가족은 아름다운 풍경으로 둘러싸인 공원과 다양한 소장품을 전시하고 있는 박물관을 돌아다니며 런던에서의 시간을 즐겼다. 비록 돈도, 친구도, 기거할 곳도 없었지만 그들은 도란도란 이야기를 나누며 웃음을 잃지 않았다. 던컨은 눈앞에 펼쳐진 곤란한 상황에서도 언제나 긍정적으로 생각했고 역경을 만나도 가던 길을 멈추지 않았다. 일단 결심한 후에는 결코 미루거나 포기하는 법이 없었다.

보수적인 영국 상류사회는 새로운 예술을 쉽게 받아들이지 않았지만 예술을 아끼는 일부 귀족들은 자신의 서재에 공연 공간을 마련해 신인 예술가가 데뷔할 수 있는 기회를 주었다. 이렇듯 작은 무대를 통해 소개된 이사도라 던컨의 춤은 신선한 충격을 던져주었고 곧 주목을 받았다. 예술에 대한 식견이 높은 사람들이 모두 그녀에게 관심을 보였다.

그녀는 얇은 레이스를 둘러쓰고 귀족과 정부 고위관료들 앞에서 춤을 추었다. 사람들 앞에서는 당당한 모습을 연출했지만 아직 '기부금을 모으는 천사'에 불과했다. 그녀는 영국 상류사회의 다과회나 식사 자리에서 여흥을 돋우는 예술가에 만족할 수 없었다. 자신이 독창적으로 개발한 새로운 장르의 춤을 완성해 더욱 큰 성공을 원했다. 생각을 굳힌 그녀는 파리로 건너갔다. 그녀는 루브르 박물관에 전시된 명화들을 감상하고 국립도서관에 소장된 고대 이집트부터 현대 영국에 이르기까지 무용과 관련된 책들을 탐독했다. 이 시기에 접한 새로운 지식은 젊은 무용가 이사도라 던컨에게 정신적인 향연과도 같았다.

춤추는 혁명가

20세기 예술의 성지로 불렸던 파리는 다양한 장르의 예술이 화려한 자태를 뽐내는 화원이었다. 이사도라 던컨은 이 화원에서 가장 눈에 띄는 꽃송이였다. 스페인 화가 호세 클라라Jose Clara는 던컨을 다음과 같이 묘사했다.

그녀가 경쾌한 걸음걸이로 등장했을 때 마치 하늘의 신이 이 땅에 내려온 것만 같았다. 그녀의 동작은 풍부하고 순수하며 웅장하여 완벽한 조화를 이루었다. 그녀는 이상과 예술의 모든 열정을 끄집어냈으며 거기에 새로운 생명을 불어넣었

Isadora duncan

다. 가장 아름다운 꿈, 무엇과도 비교할 수 없는 황홀한 광경이 그녀의 신비로운 동작을 통해 우리 눈앞에 펼쳐졌다.

기도하는 신도라 할지라도 그녀보다 간절하지 못하고, 승리의 여신조차 그녀만큼 신성하지 못했다. 성모 마리아마저 그녀만큼 순결하지 못했다. 그녀는 아름다움, 우아함, 즐거움을 대표하는 삼미신The Three Graces보다 더한 매력을 지녔고 복수의 여신보다 비장하고 냉정하며 예리한 광채로 빛났다. 그녀가 바로 이사도라 던컨이다.

정규교육도 제대로 받지 못한 한 젊은 미국 여성에 의해 독자적으로 만들어진 현대무용이 발레로 대변되는 파리 무용계에서 주목을 받기 시작한 것이다. 조각가 로댕은 "젊었을 때 가장 큰 소원은 던컨과 같은 모델을 만나는 것이었다. 그녀의 춤은 동작 하나하나가 역동적이다."라고 감탄했다. 그녀의 춤을 본 화가 가리아는 수많은 사람 사이에서 큰 소리로 외쳤다.

"이 젊은 미국 여성은 혁명가입니다!"

그가 말한 혁명가란 곧 창조자, 예로부터 이어온 무용이라는 예술장르를 새롭게 변화시키고 신선한 활력을 주입한 사람을 의미했다.

20세기 초, 예술의 도시 파리는 그야말로 '혁명'의 발상지였다. 로댕, 제임스 조이스, 피카소, 릴케 등 문학과 예술의 혁명가, 지혜의 향기를 뿜어내는 천재들이 모두 이곳으로 모여들었다. 젊은 이사도라 던컨은 그들로부터 예술의 자양분과 용기를 얻었다. 파리에서 성공한 예술가는 유럽에서 성공할 수 있었으며 유럽에서 성공한 예술가는 전 세계에 이름을 떨칠 수 있다는 것이 하나의 법칙으로 여겨지던 시대였다.

이사도라 던컨은 가는 곳마다 사람들의 환호를 받았다. 특히 독일 뮌헨에서의 공연은 큰 성공을 거두었다. 독일 청년들은 보수적인 성향을 거부하고 새로운 예술을 선보인 이사도라 던컨을 하늘에서 내려온 천사처럼 떠받들었다. 《양철북》의 작가 귄터 그라스Gunter Grasse 부부와 함께 식사를 하는 자리에 수많은 이들이 그녀를 보기 위해 몰려들어 식당 창문이 깨지는 일까지 벌어졌다.

이사도라 던컨은 단지 예술가에 머물지 않고 춤을 통해 신을 재현해냈다. 그녀의 춤은 영혼의 암시였다. 그녀의 춤은 매우 독창적이어서 하나의 장르를 이루었다. 그녀와 짧은 로맨스를 나누었던 러시아의 유명한 극작가 콘스탄틴 스타니슬라브스키Constantin Stanislavski는 자서전에 이렇게 적고 있다.

던컨에게 춤을 가르쳐준 사람이 누구냐고 묻자 그녀는 이렇게 대답했다.

"나의 춤은 가무의 신에게서 배운 것이다. 나는 혼자서 일어설 수 있을 때부터 춤을 추기 시작했고 평생 춤을 추며 살

Isadora duncan

았다. 모든 인류와 전 세계가 반드시 춤을 추어야 한다. 과거에도 그래왔고 앞으로도 그럴 것이다."

던컨은 음악 교사인 어머니의 영향으로 어려서부터 음악과 더불어 성장했다. 늘 가난과 굶주림에 허덕였지만 결코 낙천적인 태도를 잃지 않았던 어머니는 피아노를 연주하며 시름을 달랬다. 던컨은 음악을 들을 때면 손으로 박자를 맞추며 스텝을 밟았는데 이 즉흥적인 춤이 현대무용의 첫 단추가 되었다. 프랑스 작곡가 생상스 Camille SaintSans는 "단어가 막히는 곳에서 음악이 시작된다."라고 했다. 중국의 《시경》에는 "노래로도 흥이 차지 않으면 저도 모르게 손을 들어 춤을 추고 발을 동동거린다."라는 구절이 있다. 춤이란 음악의 가장 역동적이고 영감이 깃든 표현이다.

던컨의 현대무용은 몸짓언어 외에도 풍부한 영혼을 표현했다. 이런 특징 때문에 발레보다 더 강렬한 감동을 전달할 수 있었다. 던컨은 발끝을 세워 춤을 추는 발레가 자연을 거스른다고 여겼고, 발레 무용가의 근육과 피부, 영혼은 얼음처럼 차갑다고 지적했다. 특히 발레에서 요구하는 잔인할 만큼 고된 훈련법에 찬성하지 않았다.

"자유의 여신이 발레를 추는 모습을 상상해보라. 누구도 그 모습을 아름답다고 생각하지 못할 것이다."

독일의 발레 무용가들은 던컨의 현대무용을 인정하지 않았다.

심지어 던컨과 함께 공연할 때 맨발로 춤추는 던컨이 다치도록 카펫 아래 압정을 숨겨 놓기도 했다. 그러나 몇 년 후 러시아 공연에서 만난 발레 무용가들은 그녀를 인정하기 시작했다. 그들은 대가답게 던컨의 성공을 시기하는 대신 그녀의 재능을 칭찬했다.

이사도라 던컨의 예술적 원천은 그리스 신화에 나오는 술의 신 디오니소스와 여인들의 춤이다. 고귀하고 간결하며 사실적이면서도 신비감으로 가득한 이 춤은 예부터 이어온 지혜와 진실한 믿음을 표현한다. 던컨은 고대 종교, 즉 디오니소스의 정신을 부흥시키려는 남다른 포부를 가지고 있었다. 바로 고대의 종교의식처럼 몸짓을 통해 신체의 아름다움과 영혼의 성결함을 표현하려한 것이다. 이를 위해 아테네의 문화유적지를 여러 차례 방문해 부조浮彫의 형태로 남아 있는 고대 그리스 무용의 흔적과 그 진수를 탐구했다. 아테네 주변에 무용의 전당을 짓겠다는 계획을 갖고 오빠에게 공사의 책임을 맡기기도 했다. 그러나 그동안 모은 돈을 여기에 모두 쏟아부었음에도 여러 가지 사정으로 공사는 중단되고 말았다.

무용가로서 명성을 얻은 뒤 던컨은 부자들의 식사 후 여흥을 돋우는 공연에 더 이상 마음을 두지 않았다. 아무리 출연료가 많아도 자리가 내키지 않으면 절대로 춤을 추지 않았다. 반면 그녀가 원하는 자리라면 출연료가 얼마든 상관없었다. 그녀는 뮌헨의 술집과 아테네 광장, 그리고 하바나의 커피숍에서도 춤을 추었다. 그녀는 예술가의 양심과 개인적인 충동에 따라 행동했다. 그녀는 미의 여

신 아프로디테의 가르침을 따를 뿐 세상이 정해놓은 법칙을 이유 없이 따르지는 않았다.

던컨을 알아본 젊은이들이 거리에서 그녀를 에워싸고 환호성을 보낼 때가 있었다. 이때의 분위기는 디오니소스 축제 때보다 더 열광적이었다. 독일인들은 그녀에게 '거룩하고 순결한 이사도라'라는 특별한 애칭을 붙여 주었다. 그녀의 춤을 신격화한 관중들은 던컨의 춤에 병을 낫게 하는 신비한 능력이 있다고 떠들었다. 이 말을 믿고 오랫동안 병석에 누워 있던 환자들이 실낱같은 희망을 안고 극장을 찾아올 정도였다.

그녀는 춤이 영혼과 신체를 해방시키는 '해방의 예술'이라고 여겼다. 바그너의 오페라 〈탄호이저〉에 출연했을 때 그녀가 입은 무대의상은 속살이 그대로 비칠 만큼 얇았다. 붉은색 타이즈를 신은 발레 무용수들 사이에서 그녀는 한 마리 백조처럼 눈부시게 빛났지만 보수적인 사람들은 비난을 퍼부었다. 예술적 식견이 뛰어난 바그너의 부인조차 던컨을 아끼고 후원해왔음에도 받아들이기 어려운 파격적인 옷차림이었다. 그녀는 분장실로 하인을 보내 무대의상 아래 속옷을 입어줄 것을 요구했다. 던컨은 이를 거부했다. 20세기 초 보수적인 유럽에서 여성 무용수가 전신을 노출한다는 것은 상상도 할 수 없는 일이었다. 그러나 던컨은 자신의 예술적 성취를 위해서는 어떤 타협도 하지 않았으며, 이런 예술가 정신 덕분에 사람들의 문화예술적 소양이 높아질 수 있었다. 그녀는 미국인 기자에게 이렇게 말한 적이 있다.

"예술은 인간의 신체를 드러내는 것이다. 이를 가리는 것이야말로 외설이다. 내가 춤을 추는 것은 인간에 대한 존중을 일깨우기 위해서이지 저속한 것을 보여주기 위해서가 아니다. 나는 반라로 노래하는 여배우처럼 저급한 노출로 관객의 시선을 끌지 않는다. 완벽한 나체로 춤을 출지언정 오늘날 미국 여성처럼 반라로 추파를 던지며 거리를 활보하고 싶지는 않다. 나체란 순수하며 아름다운 것이고 예술이기 때문에 결코 저속하지 않으며 부도덕한 것도 아니다. 만약 몸을 따뜻하게 하기 위한 것이 아니라면 결코 옷을 입지 않을 것이다. 내 몸은 내 예술의 신전이다. 내가 그것을 노출하는 이유는 내 몸이 아름다움을 숭배하는 성전이기 때문이다."

이상理想은 예술의 꽃이다. 그러나 얼마나 많은 피와 땀을 쏟아 부어야 그 꽃을 피울 수 있을까? 고대 그리스의 비극에 등장하는 춤을 복원하고자 했던 그녀는 무용학교를 세우는 데 온 마음을 쏟고 모든 재산을 투자했다.

"내 계획은 천 명의 소녀가 고대 그리스의 스타디움에서 디오니소스 축제를 재현하도록 훈련시키는 것이다." 첫 번째 무용학교는 독일에 세웠다. 두 번째는 파리 외곽에 세우려 했지만 1차 세계대전이 일어나면서 후원자를 구하지 못해 던컨은 파산위기를 맞았다. 그러나 꿈이 무너지는 것을 보고 있을 수만은 없었다. 그녀는 어릴 때부터 지혜롭고 강인했으며 모험을 두려워하지 않았다. 자금을 마

Isadora duncan

련하기 위해 세계 곳곳을 누비며 공연을 했고, 꼼짝할 수 없을 만큼 아픈 몸을 이끌고 순회공연 길에 오르기도 했다.

고대의 춤을 복원하고자 했던 그녀는 현대무용의 창시자였으며 현대무용 이론의 전도사였다.

"나는 누구를 만나든 현대무용에 대해 그 사람이 이해할 때까지 설명한다. 그가 설령 예술에 문외한이라 해도 그냥 놓아주지 않을 것이다."

매니저마저 무대에서 설명을 간단히 하라고 충고했지만 그녀는 계속해서 자신의 춤을 관중에게 설명했다. 새로운 무용을 개발한 사람으로서 이를 알리고 설명하는 것은 춤추는 일만큼 중요하다고 여겼다. 그토록 자신의 춤에 강한 자신감을 지닌 그녀는 호평이든 혹평이든 외부의 평가에 흔들리지 않았다. 그녀의 자서전에 이와 관련된 대목이 나온다.

신문에서는 자주 넓은 지면을 할애해 내 춤에 대해 토론을 벌인다. 어떤 이는 새로운 예술을 발견한 천재라며 내게 찬사를 보내고, 어떤 이는 내가 고전무용을 파괴했다며 비난한다. 공연이 끝나면 나는 관중의 환호성을 뒤로 하고 집으로 돌아간다. 집에서 나는 흰색 무대의상을 입은 채 밤 늦도록 우유 한 잔을 옆에 두고 칸트의 《순수이성비판》을 정독한다. 나는 바로 이 책에서 내가 추구하는 순수하고 아름다운 동작에 대한 영감을 얻는다.

수준 높은 철학 책에서 영감을 얻을 만큼 창작에 대한 그녀의 열
정은 남달랐다. 그녀는 미국의 시인 월트 휘트먼Walt Whitman도 좋아
했다. 특히 그의 대표적인 시집《풀잎The Grass》은 그녀에게 성경과도
같았다. 그 가운데 가장 좋아했던 작품은 〈나는 미국이 춤추는 것
을 본다 See America Dancing〉로, 여기서 춤이란 자유로운 정신과 행복
한 영혼의 춤을 의미한다. 휘트먼을 정신적 지주로 삼은 그녀의 춤
역시 자유를 추구하고 미래를 향해 힘차게 도전하는 미국의 정신을
표현한 것이었다. 그리고 그녀의 춤에 대한 평가는 수없이 많았지
만 그녀가 가장 만족스러워 한 것은 한 예술잡지의 여성 편집자인
메리 로버츠의 글이었다.

이사도라 던컨이 유유히 춤을 추기 시작할 때, 인간의 정
신은 세상이 창조되던 태곳적으로 돌아간다. 당시 인간은 위
대한 영혼을 자유롭게 표현하는 수단이 형체적 미라고 여겼
다. 운동의 리듬은 소리의 리듬과 하나가 되고, 인체의 동작
은 파도의 움직임과 완벽하게 조화를 이룬다. 여인의 팔 동작
은 활짝 핀 장미꽃과 같고, 풀밭을 밟고 선 그녀의 다리는 스
르르 땅으로 떨어지는 나뭇잎과 같다. 종교, 애정, 애국, 희생
혹은 욕망과 같은 열정이 탬버린과 하프의 리듬과 선율에 녹

Isadora duncan

아 곳곳으로 퍼져나간다. 신 앞에서든 혹은 방 안이나 숲속이나 바닷가든, 어느 곳에 있든 음악소리가 들리면 사람들은 그 자리에서 온몸으로 생명의 환희를 느낀다. 그리고 신을 향해 춤을 추기 시작한다. 인간의 영혼에 크고 강렬하며 아름다운 충동이 일어나면 사람들은 본능적으로 이를 표출하게 되고, 이것은 몸짓언어로 바뀌어 우주의 리듬과 완벽한 조화를 이루게 된다.

사랑의 상처는 또 다른 사랑으로 치유한다

새로운 사랑은 언제나 악마이거나 천사 혹은 평범한 사람의 모습으로 다가온다. 하지만 그가 바로 오랫동안 내가 기다려온 사람이며, 그와의 사랑은 내 생명을 부활시킬 로맨스가 될 것임을 나는 안다. 나의 러브스토리는 늘 슬픈 결말로 끝났다. 하지만 언젠가는 행복한 결말로 끝나는 멜로영화처럼 오래도록 이어지는 사랑을 하고 싶다.

이사도라 던컨은 평생 20여 개국을 다니면서 각 분야에서 눈부신 업적을 남긴 남성들과 조우했다. 악마든 천사든 혹은 평범한 사람이든 모든 남자들이 이 아름다운 무용가의 마음을 빼앗기 위해 애썼다. 불꽃처럼 타오르는 영혼을 가진 던컨은 무모하게 불속으로 뛰어드는 불나방과 같았다. "나는 천재를 좋아한다."고 솔직히 인정한 그녀는 사랑이 찾아오면 기회를 놓치지 않았다. 그녀는 인간의 본성을 억누르는 어떤 규율에도 따르지 않았다.

사랑은 너무나 신비하다. 사랑에는 가지각색의 멜로디가 있어서 다양한 음악으로 연주될 수 있다. 남자들마다 사랑에 대한 생각이 다른 것은 베토벤의 음악과 푸치니의 음악이 다른 것과 같다. 한편 여성은 악기와 같아서 연주하는 사람에 따라 다른 음악이 만들어진다. 따라서 여성이 평생 한 남성만 사귀는 것은 평생 한 작곡가의 음악만을 듣고 사는 것과 같다.

다른 이들보다 더 많은 사랑의 환희를 경험했던 이사도라 던컨이기에 사랑에 관해 쓴 그녀의 글에는 행복이 느껴진다. 그녀의 사랑을 받은 남자들은 행복한 사람들이었다. 그녀의 사랑은 언제나 순수하고 열정적이었으며 그녀의 춤처럼 매혹적이었다.

신성한 육체, 열정의 입술, 든든한 팔, 사랑하는 이의 어깨에 기대어 꾸는 달콤한 꿈. 이런 행복은 절대 해로운 것이 아니며 우리의 마음을 열어준다. 사람들이 나와 같은 기쁨을 얻을 수 있으면 좋겠다.

Isadora duncan

사랑에 관한 던컨의 생각은 파격적인 것이었다. 우리는 현재에 안주하지 않고 늘 새로운 것을 시도해야 하며 사랑 역시 예외가 아니라는 것이 그녀의 생각이었다. 그녀는 항상 "내가 원하는 것은 사랑, 바로 그것이며 그것이 나를 행복하게 만든다."라고 속으로 되뇌었다.

불행과 실패로 끝난 부모의 결혼을 지켜본 그녀는 이미 어렸을 때 결혼이란 일종의 노예제도와 같다고 생각했다. 정신적으로 자유로운 여성이라면 결혼에 얽매여 굴욕을 당하는 대신 혼자 사는 편이 낫다는 결론을 내렸다. 그녀는 독신을 고집했다. 하지만 아이는 낳고 싶어 했다. 그리고 이를 실천으로 옮겼다. 사람들은 그런 그녀를 이해하지 못했고 인정하지도 않았다.

던컨이 소녀에서 여인으로 발돋움한 것은 열여섯 살, 헝가리 공연 때 '부다페스트의 로미오'로 통하는 오즈카 베레기Oszkar Beregi를 만나면서부터였다. 오즈카는 그녀에게 거듭 속삭였다.

"당신의 얼굴은 꽃처럼 아름답소. 당신은 나의 꽃이오. 나의 꽃, 나의 꽃!"

그는 정말로 이 청순한 꽃을 꺾어버렸다. 처음으로 사랑의 환희를 경험한 던컨은 당시의 심경을 이렇게 적었다.

서로의 품에 안길 때 얼마나 행복할 수 있는지 처음으로 알았다. 새벽녘 잠에서 깨어 나의 긴 머리카락이 그의 향기롭고 검은 곱슬머리와 뒤엉켜 있고, 그의 팔이 나를 감싸고 있는 것을 알았을 때 얼마나 평화롭고 행복했는지 모른다.

던컨은 자기 인생의 중심은 오직 예술이며, 아무리 불같은 사랑이 찾아와도 감정을 조절할 수 있으리라 자신했다. 하지만 사실 그녀는 사랑에 빠질 때마다 격랑 같은 감정에 휩쓸렸다. 러시아 극작가 스타니슬라브스키와 나누었던 섬광처럼 짧은 로맨스에 대해서도 그녀는 다음과 같이 회상했다.

어느 날 저녁 그의 넓은 어깨, 검은 머리카락, 회색빛이 감도는 구레나룻을 보자 내 마음에 파도가 일렁였다. 그가 떠나려고 할 때 나는 두 손으로 그의 어깨를 잡고 그를 껴안았다. 그리고 그의 얼굴을 내게 돌려 입술에 키스했다. 그 역시 내게 부드럽게 키스했지만 당황한 기색이 역력했다. 갑작스런 내 행동과 자신의 반응에 무척 놀란 듯했다.

극작가인 스타니슬라브스키가 앞으로 어떤 상황이 전개될지 모를 리 없었다. 위험한 수위에 도달했음을 직감한 그는 갑자기 냉담한 말투로 말했다.
"집에 돌아가서 아이의 공부를 봐줘야 하는데 이를 어쩌지?"
하는 수 없이 던컨은 그를 놓아주었다.

Isadora duncan

하지만 스타니슬라브스키와의 러브스토리는 계속 이어졌다. 중단되었던 두 사람의 열정은 클라이맥스를 향해 치닫고 있었다.

그날 나는 몹시 즐거웠다. 우리는 브랜디와 샴페인을 마시며 예술을 이야기했다. 술의 신 디오니소스가 함께하면 아무리 굳게 닫힌 마음도 열 수 있다는 사실을 그때서야 깨달았다.

예술계와 음악계의 천재들과 작업을 할 때도 던컨과 그들 사이에는 핑크빛 로맨스가 끊이지 않았다. 그리스 조각처럼 흠잡을 데없이 멋진 몸을 가진 천재 연극 감독 고든 크레이그Gordon Craig도 던컨의 마음을 단번에 사로잡았다.

우리의 관계는 한 여인을 향한 한 남자의 구애가 아니라, 두 영혼이 하나가 된 것이었다. 우리의 육체는 천상의 즐거움을 체험하고, 열정은 불꽃처럼 뜨겁게 타올랐다. 그것은 주체하지 못할 만큼 큰 즐거움이었다.

아마도 크레이그는 누구보다 던컨의 재능을 제대로 알아보고 아낀 사람이었다. 그러나 열등감과 질투심이 강한 그는 여자가 위대한 예술가가 될 수 있다는 사실을 인정하지 않았다. 그의 편견은 던컨에게 큰 상처를 주는 동시에 위기의식을 불러일으켰다. 해외공연을 다니며 늘 동분서주하다 보면 일과 사랑 모두에 집중할 수 없다는 사실을 그녀 자신도 잘 알고 있었다.

몇 주간 뜨거운 사랑을 나눈 뒤 크레이그가 던진 질문은 그녀가 가장 듣고 싶지 않은 말이었다.

"당신은 왜 춤을 그만두지 않는 거요? 왜 아직도 무대에 올라 춤을 추는 거요? 당신은 왜 집에서 나를 위해 연필을 깎아주지 않느냔 말이오?"

던컨처럼 항상 쉬지 않고 꿈을 향해 달리며 자아를 실현하려는 여성에게 집에서 얌전히 내조나 하라는 것은 말도 안 되는 요구였다.

나의 예술과 크레이그의 예술 가운데 하나를 선택해야 했다. 하지만 나의 예술을 포기하는 것은 불가능하다. 예술을 포기한다면 나는 슬픔과 고통 속에서 살아갈 것이며, 괴로워서 죽을 테니까.

그녀는 결국 짐을 챙겨 그를 떠났다. 분에 못 이겨서가 아니라 더 큰 상처를 피하기 위해서였다.

크레이그를 떠난 뒤, 임신한 사실을 알았을 때 그녀는 뛸 듯이 기뻤다. 무용가의 몸을 잠시 포기하는 것도 마다하지 않은 그녀는 바라던 대로 예쁜 딸 데어드르Deirdre를 낳았다.

Isadora duncan

사랑의 상처는 또 다른 사랑으로 치유해야 한다. 그녀는 '병으로 병을 다스려야'한다고 믿었다. 크레이그 다음으로 등장한 새 연인은 핌Pim, 그는 옛 연인들과 달리 예술가도 성공한 사업가도 아니었다. 세련되고 잘생기기는 했지만 인생에 아무 목표도 없는 철부지 같은 남자였다. 그러나 그는 던컨을 끔찍하게 존경했고 던컨은 그것으로 만족하며 함께 러시아 여행을 떠났다. 실연의 아픔을 뒤로하고 다시 사랑을 시작한 것이다. 여행 중 재미있는 일화가 있다. 두 사람이 호텔에 묵었을 때, 나이 많고 고지식한 주인은 두 사람이 부부라는 것을 믿을 수 없다며 각각 다른 방을 내주었다. 게다가 밤을 틈타 상대방의 방으로 찾아가지 못하도록 복도에 앉아 보초를 서기까지 했다.

핌은 순수한 즐거움, 이성理性이 결코 비집고 들어올 수 없는 기쁨을 선사했다. 핌과의 관계에서 그녀는 "찰나의 행복을 추구하는 것이 영원한 근심에 머무는 것보다 낫다."는 영국 유미주의 작가 오스카 와일드의 명언을 절실히 깨달았다. 핌을 통해 새로운 기쁨과 새로운 활력, 그리고 새로운 영감을 얻은 던컨은 〈찰나의 음악Moment Musicale〉을 창작했다. 그녀는 관중의 큰 호응을 얻은 자신의 대표작 가운데 하나인 이 작품을 '핌의 춤'이라 부르며 그와의 사랑을 영원히 기념했다.

던컨이 겪은 일련의 실험적인 로맨스에서 파리스 싱어Paris Singer는 비중이 큰 인물이다. 그는 유럽 사회에 영향력을 행사하는 대단한 재력가였다. 제1차 세계대전의 포화가 유럽을 뒤흔들지 않았다면 던컨은 그의 후원으로 파리 센강 변에 세운 무용학교를 운영할 수 있었을 것이다. 그는 무엇이든 아낌없이 주는 연인이었고 예술가를 적극적으로 후원하는 사람이었다. 그러나 던컨이 그의 아들을 낳았음에도 청혼을 받아들이지 않자 두 사람의 로맨스는 끝이 났다. 게다가 두 사람은 너무나 달랐다. 던컨은 휘트먼을 좋아했고 소련을 동정했으며 혁명을 사랑했다. 공연 레퍼토리마저 프랑스 혁명 때 행진곡으로 사용되었던 〈라 마르세예즈La Marseillaise(지금의 프랑스 국가)〉였다. 반면 파리스는 혁명에 거부감을 느꼈으며 특히 소련에 반감을 가졌다.

파리스와 헤어진 후 던컨은 젊은 피아니스트와 또 한 차례 뜨거운 사랑을 나누지만, 그는 그녀의 제자와 사랑에 빠지면서 그녀 곁을 떠났다.

가브리엘레 단눈치오Gabriele D'Annunzio는 이탈리아의 시인 겸 소설가이자 극작가로 대단한 매력의 소유자였다. 그는 유럽 상류사회에서 명망 높은 수많은 여성의 마음을 사로잡았으나 던컨에게만은 보기 좋게 거절당했다. 바람기 많은 단눈치오가 애인을 버리자 던컨이 그녀를 대신해 앙갚음을 한 것이다. "나는 세상에서 유일하게 그를 거절한 여자이다."고 던컨은 회고했다.

이처럼 끊임없이 이어지는 로맨스 끝에, 1922년 5월 마흔여섯이 된 던컨은 스물일곱 살의 세르게이 예세닌Sergei Yesenin과 결혼한다.

Isadora duncan

던컨과 예세닌의 결혼은 천재의 결합이 항상 비극으로 끝난다는 사실을 다시 증명했다.

결혼하지 않겠다던 그녀의 굳은 다짐도 운명을 거스르지는 못했다. 빈농 집안에서 태어난 예세닌은 준수한 용모의 천재 시인으로 '마지막 농촌 시인'이라 일컬어지기도 했다. 그는 천사와 악마의 특징을 모두 갖춘 특이한 인물이었다. 한 번은 어느 비평가에게 이렇게 말했다.

"나는 그 어떤 동물보다 여자를 사랑합니다. 때로는 광적으로 집착하지요. 그러나 내가 보기에 여자보다 더 어리석은 동물은 없습니다."

그는 이와 비슷한 '고견'을 여러 차례 내비쳤다.

"나는 마치 물을 마시듯 여자의 기운을 모조리 빨아들이기를 좋아한다. 그리고 나서 다시는 그 여자를 쳐다보지 않는다."

예세닌의 친구에 따르면 그는 살면서 명성, 시, 조국 오직 이 세 가지에만 집착했다고 한다. 여기에 여자는 포함되지 않았다. 여전히 우아하고 아름답지만 자신보다 훨씬 나이가 많은 던컨을 그는 진심으로 사랑했을까? 그가 사랑한 것은 그녀의 세계적인 명성이 아니었을까? 그녀와 결혼한 것만으로도 그의 허영심은 충분히 채워졌을 것이다.

예세닌은 스스로를 '건달'이라고 불렀다. 던컨과 결혼하기 전, 그는 한 번 이혼했고 세 아이를 두었는데 그 가운데 한 명은 사생아였다. 그는 타고난 바람둥이에 성격마저 난폭해서 늘 추문이 뒤따랐다. 특히 술에 취하면 이성을 잃어 고래고래 소리를 지르고 닥치는

대로 물건을 내동댕이쳤다. 던컨이 사랑을 맹세하며 선물한 금시계마저 산산조각내기도 했다. 술 마시고 난동부리는 것을 일삼다보니 그는 경찰서의 단골손님이었다. 그런데도 던컨은 인내심을 발휘해 마치 어머니가 자식을 감싸듯 그를 받아주었다. 예세닌은 자신이 쓴 시에서 스스로를 이렇게 변명했다.

　　내가 못된 짓을 저지르고 추태를 부린 것은 내 삶을 더욱 환하게 불태우기 위해서였다.

　그는 자신을 위해 던컨이 감수한 온갖 희생에 대해 전혀 고맙게 여기지 않았고 오히려 냉정하게 그녀를 버리고 떠났다. 예세닌의 친구이자 던컨의 비서이기도 했던 슈나이더마저 분노를 참지 못해 장문의 편지로 절교를 선언할 정도였다.

　　이사도라의 방에서 자네는 다른 여인을 사랑한다고 고백했고 또 다른 두 여인을 임신시킨 사실을 거리낌 없이 얘기하더군. 추악하고 저속한 행동이라고 생각하지 않는가? 사람들이 자네의 말을 들으면 어떤 생각을 하겠나? 이사도라가 잘못한 점이 있다면 자네에게 너무 잘 대해준 것뿐일세. 그동안 자네는 쓰레기 같았어. 자네는 이사도라를 사랑한다고 내게 여러 번 말했네. 하지만 모스크바에서 돌아온 후 자네가 가장 먼저 한 일은 다른 여인에게 바치는 사랑의 시를 발표해 이사도라를 모욕한 것이었지.

역사를 돌아보면 천재들의 결합은 대부분 파경으로 끝난다. 서로 개성이 너무 강해 상대방을 포용하지 못하기 때문이다. 예세닌은 선천적으로 우울증 기질이 있었는데 나중에는 심각한 정신질환으로 발전했다. 아마도 이런 면이 던컨의 모성애를 자극한 듯하다. 그녀의 모성은 대상을 잃은 상태였다. 1913년 두 자녀와 유모를 태운 차가 센 강으로 추락해 아이들을 잃은 충격과 슬픔이 여전히 치유되지 않고 있었던 것이다.

1924년 가을, 결혼 2년 만에 던컨은 유럽으로 돌아왔다. 지치고 쓸쓸한 기색이 역력했음에도 그녀는 언론과의 인터뷰에서 억지로 밝은 미소를 지었다.

"소련에서 보낸 지난 3년은 내 인생에서 가장 행복한 시간이었습니다."

1925년 9월, 예세닌은 톨스토이의 손녀 소피아Sophia Andreyevna Tolstaya와 결혼했다. 하지만 그는 3개월 뒤 레닌그라드로 가서 던컨과 사랑을 약속했던 호텔에서 목을 매어 자살했다. 그가 이렇듯 삶과 시적인 작별을 하면서 말하고자 했던 것은 무엇일까? 사랑일까, 후회일까, 인생의 절망일까? 그것은 영원히 풀리지 않는 수수께끼가 되고 말았다.

Isadora duncan

온 마음을 쏟은 사랑, 사무치게 그리워한 사랑, 간절히 바라던 사랑, 마음을 갈기갈기 찢어놓은 사랑……. 던컨은 수많은 사랑을 경험했다고 자서전에 썼다.

연애할 때면 나는 늘 상대에게 충실했다. 그들 역시 나처럼 충실했다면 결코 헤어지지 않았을 것이다. 누군가를 사랑하게 되면 나는 오직 그 사람만 사랑한다. 지금까지 숱한 이별을 겪은 이유는 그들이 자신의 마음을 한 곳에 두지 못해서이다. 그리고 또 한 가지 이유는 운명 때문이다.

던컨의 내면에는 사랑과 예술이 공존했다. 그녀는 이 두 가지로부터 에너지를 얻었고 인생의 가장 심오한 기쁨과 슬픔을 체험하기도 했다.

나는 영광을 위해 달린다

예술가가 남다른 것은 예민한 감수성 때문이다. 던컨은 "수많은 위대한 예술가와 성공한 사람들을 만나보았지만 그 가운데 행복한 사람은 아무도 없었다. 겉으로는 아무 근심 없는 체하지만 그 가면 안에 감춰진 불안과 고통은 한눈에도 알 수 있었다. 이 세상에 행복이란 존재하지 않을지도 모른다. 있다 해도 그것은 불현듯 찾아와 소리 없이 사라질 뿐이다." 라고 말했다.

그리고 던컨은 자신만의 해결법을 찾았다. 그녀는 사랑으로 예술을 완성시키고, 예술로써 사랑을 완성시켰다. 가슴 아픈 사랑이든 환희에 찬 사랑이든 그녀의 예술은 언제나 영혼의 깊은 샘에서 솟아나는 사랑으로부터 자양분을 얻었다.

미국 독립전쟁 당시 장군이었던 증조부의 피를 물려받은 던컨은 스스로를 혁명가라 불렀고, 그녀의 춤은 억압에서 벗어나기를 부르짖는 외침이었다. 붉은 옷을 입은 그녀가 혁명을 주제로 춤출 때면, 억압받는 사람들은 용기를 얻고 의지를 다졌다. 〈라 마르세예즈〉를 출 때면 환호가 터져 나왔다. 그러나 나중에 그녀가 〈인터내셔널의 노래〉를 공연했을 때 미국 우익세력은 그녀를 볼셰비키의 첩자라고 몰아세웠다. 조국에서 냉대를 받고 예술계와 종교계로부터 공격이 빗발치자 그녀는 "낡은 세계는 가고 새로운 세계여 오라!"고 외치며 소련으로 건너갔다.

막상 소련에 도착하니 볼셰비키당은 그녀를 서양문화의 전파자라며 신임하지 않았다. 하지만 레닌을 열렬히 존경한 그녀는 그를 위해 작품을 만들었고, 여러 차례에 걸쳐 레닌을 예수에 빗대어 말했으며, 그를 '현대의 에너지'라고 불렀다. 그녀는 혁명에 동조하기는 했지만 정치에 발을 깊숙히 들여놓지는 않았다. 혁명에 대한 예술가의 순수한 시각과 현실 정치는 전혀 별개였다. 혁명의 분위기

Isadora duncan

로 가득한 소련에서든 자유를 숭상하는 미국에서든 던컨의 '붉은 춤'이 환영받지 못한 것은 어쩌면 당연한 일이었다.

던컨의 춤은 형식뿐 아니라 그 정신도 현대적이었다. 그녀의 춤은 예술을 앞서 있었다. 그녀는 자신의 춤으로 고대 그리스의 정신, 미국의 정신, 프랑스의 정신, 소련의 정신 모두를 표현하고자 했다. 초기에 그녀의 춤은 그리스, 미국, 프랑스의 정신을 표현했지만 후기에는 소련의 정신이 큰 비중을 차지했다. 던컨의 삶이 황망한 사고로 끝나지 않았다면 그녀의 예술은 베르톨트 브레이트Bertolt Brecht 의 연극처럼 혁명의 아이콘이 되었을 것이다. 그러나 현대무용을 아끼는 수많은 관객들은 그것을 원치 않았을 것이 분명하다.

던컨은 예술적으로 큰 성취를 이루었지만 그녀의 삶은 불행한 면이 있었다. 서른여섯에 사랑하는 두 아이를 한꺼번에 잃었고, 말년에는 가난과 질병으로 고통을 겪었다. 생활비를 마련하기 위해 그녀는 유럽의 명사들로부터 받은 연애편지 천여 통을 팔아야 했다.

1927년 9월 14일, 프랑스 니스에서 자동차를 타고 가던 그녀는 목에 두른 스카프가 자동차 바퀴에 말려드는 바람에 목숨을 잃고 말았다. 그녀가 둘렀던 기다란 스카프는 혁명과 활력을 상징하는 붉은색이었다. 차에 오르기 전, 이사도라 던컨은 손을 흔들며 작별인사를 남겼다.

"잘 있어요, 친구들. 나는 영광을 위해 달려갑니다!"

끔찍한 아름다움 격정적 사랑

까미유 클로델

1864년 12월 8일~1943년 10월 19일

국적 프랑스

가정환경 중산층

아버지 루이 프로스페르 클로델(lLouis Prosper Clasudel)

어머니 루이즈 아타나이즈 세실 세보르(Louise Athanaise Cecille Cerveaux)

형제 1남 2녀 중 첫째

CAMILLE CLAUDEL

사람들은 모두 나를 질책한다,
내가 무슨 죄를 지었단 말인가?,
고독한 삶을 살았다는 게 잘못인가?

조각에 생명을 불어넣다

카미유 클로델은 자유로운 영혼을 지닌 소녀였다. 천둥이 치는
밤이면 평온했던 소녀의 마음은 환희로 가득 차올랐다.

"숲 속과 오솔길을 뛰다보면 저절로 힘이 솟아."

클로델은 남자아이들이 괴롭히거나 비위를 거스를 때 쓰려고 늘
작은 칼을 지니고 다닐 만큼 대담했다. 구속당하는 걸 끔찍하게 싫
어하는 그녀에게서 요조숙녀의 얌전한 모습은 찾아볼 수 없었다.
괴팍한 소녀였던 클로델의 유일한 취미는 점토로 조각을 하는 것이
었다. 사람들의 이목을 피하려고 그녀는 한밤중에 몰래 밖으로 나
가 점토를 채취해오곤 했다.

"세상에 어떤 다 여자애가 종일 밖에서 진흙하고 노니? 남동생
이 도대체 누나에게서 뭘 보고 자라겠어!"

어머니가 아무리 호되게 야단을 쳐도 그녀는 점토 조각에만 빠

117

Elizabeth Rosemitbed Claybbel

져 있었다. 아버지가 뒤에서 늘 든든한 버팀목이 되어주었기 때문이다. 딸의 천부적인 재능을 알고 있었던 루이 프로스페르 클로델Louis Prosper Claudel은 아들인 폴Paul보다 딸에게 더 큰 기대를 하고 있었다. 그는 딸이 위대한 조각가가 될 거라고 확신했다.

"우리 딸이 조각가가 된다고요? 정말 웃기는 일이군요. 세상에 나는 여자가 조각가가 된다는 말을 들어본 적이 없네요."

하지만 어머니는 늘 냉담했다.

"곧 듣게 될 거요!"

아버지는 딸을 믿고 있었다.

고양이 눈처럼 또렷하면서도 빛나는 눈과 굳게 다물어 자신감 넘쳐 보이는 입술, 허리까지 내려오는 적갈색의 긴 머리칼……. 열여섯의 클로델은 꽃처럼 아름다웠다. 특히 그윽한 푸른 눈동자에서는 사물에 대한 예리함과 통찰력까지 느껴졌다.

프랑스 국립미술학교의 알프레드 부셰Alfred Boucher 교수는 클로델의 〈다윗과 골리앗〉을 보고는 클로델의 아버지에게 이런 말을 했다.

"정말 기가 막힌 작품입니다. 힘이 넘쳐나고 비율도 완벽합니다. 따님은 생명을 창조하는 천부적인 재능이 있습니다. 조각가에게 가장 중요한 재능이지요. 마치 로댕의 작품을 보는 것 같습니다. 따님을 어서 파리로 보내세요. 혼자 힘으로 조각가가 되기는 쉽지 않습니다. 남자들도 힘든 일인데 여자라면 더욱 힘들겠지요. 따님의 재능을 인정해줄 사람을 찾아보고, 전시회에도 출품해야 합니다. 제가 로댕이라는 조각가를 소개해드리지요. 로댕이라면 따님을 제자로 받아줄 겁니다."

딸의 재능이 인정을 받자 그는 무척 흐뭇해했다.

로댕조차 불안하게 만든 천재성

카미유 클로델은 열여덟 살이 되던 해 부푼 꿈을 안고 파리로 왔다. 그녀는 예술의 도시 파리를 자신의 것으로 만들고 싶었다. 당당하고 자신감 넘치는 클로델은 〈청동시대〉로 최고의 명성을 얻은 조각가 로댕조차 대단한 인물로 생각하지 않았다. 예술적 재능으로 따지자면 그녀는 누구에게도 주눅이 들지 않을 만큼 뛰어났다.

알프레드 부셰가 추천했지만, 파리 국립미술학교는 그녀의 입학을 거절했다. 여자라면 예쁜 드레스를 입고 다소곳해야 하는데 어여쁜 아가씨가 지저분한 점토와 돌덩이를 끌어안고 땀을 흘리며 조각에만 매달리겠다고 하니 누구도 호의적으로 대하지 않았다. 남성의 전유물인 조각을 하겠다고 하자 사람들은 좋은 남자 만나서 시집이나 가라며 그녀의 재능과 열정을 인정해주지 않았다. 파리 국립미술학교 교장실에서 나온 클로델은 뜨겁게 내리쬐는 태양을 바라보며 누구에게도 의지하지 않고 혼자의 힘으로 성공하겠다고 다

까미유 끌로델의 작품, 사쿤탈라

짐했다.

아는 사람도 없고 돈도 많지 않은 아가씨가 혼자서 파리 예술계를 평정하겠다고 다짐한 것이다. 파리 예술계는 이같은 클로델을 거들떠 보지도 않았다. 하지만 로댕이 찾아오면서 그녀의 인생에 큰 변화가 일어났다. 그녀보다 스물네 살이나 위였지만 로댕은 미켈란젤로의 작품에 그려진 모세처럼 넓은 이마에 덥수룩한 수염, 건장한 체격을 가진 매력적인 남자였다. 그는 클로델이 남동생을 모델로 조각한 〈소년의 흉상〉을 보고는 침이 마르도록 칭찬하며 자신의 작업실에서 일할 것을 제안했다.

클로델은 아름다웠지만 화장이나 향수, 예쁜 옷 등으로 자신을 꾸며본 적이 없었다. 돌덩어리와 점토를 친구 삼아 살았기 때문에 늘 헝클어진 머리에 허름한 옷차림이었다.

로댕은 사자처럼 강한 정력의 소유자였다. 그는 작업 모델과 귀부인들의 쏟아지는 구애를 거절할 줄 몰랐다. 사람들 사이에서는 로댕의 다음 연인이 누가 될지 내기가 벌어질 정도였다. 로댕은 열아홉 살의 클로델에게 눈길을 주기 시작했다. 클로델은 그와의 사랑이 위험하다는 것을 이성적으로 잘 알고 있었지만 몸은 이미 그를 향하고 있었다. 로댕과의 사랑이 깊어질수록 클로델은 여인으로 점점 더 성숙해졌다.

로댕은 클로델이 마음대로 다룰 수 있는 쉬운 여자가 아니라는 사실을 잘 알았다. 그녀는 끊임없이 예술적 영감을 주었지만 언젠

Elizabeth Rosewitha Clayllat

가는 자신의 몸과 영혼을 회오리바람처럼 휩쓸어갈지 모른다는 예감이 로댕을 괴롭혔다. 그녀를 탐할수록 자신보다 더 뛰어난 예술적 감각과 재능을 가진 클로델이 두려워졌던 것이다.

로댕과의 결별

1888년, 파리 살롱전에서 카미유의 석고상 〈사쿤탈라〉가 입상하자 많은 이들이 로댕의 작품을 모방했다고 비난했다. 몸을 주는 대가로 로댕에게 조각을 배우고 있다고 험담하는 이들도 있었다. 사람들의 억측에 카미유는 마음속 깊이 상처를 입었다. 사정을 알게 된 로댕은 즉시 해명했다.

"여러분께서는 지금 큰 실수를 하셨습니다. 그녀는 제가 가르치는 학생이었지만 워낙 재능이 뛰어나 지금은 저와 함께 작품을 만들고 있습니다. 그녀는 제가 표현하고자 하는 조각을 가장 잘 이해하는 사람입니다. 저는 그녀에게 황금을 찾는 법을 알려주었습니다. 그리고 그녀는 자신의 내면에서 제가 알려준 황금을 찾아냈습니다."

로댕의 누이 마리아는 아버지를 설득해 동생이 그림 공부를 할 수 있도록 도울 만큼 든든한 후원자였다. 그러나 로댕과 함께 그림을 배우는 친구에게 버림받자 그 충격으로 수녀원에 들어갔는데 스무 살의 나이에 복막염으로 세상을 떠나고 말았다. 로댕은 사랑하는 누이를 잃은 슬픔에 신부가 되겠다며 수도원으로 들어갔다. 그러나 얼마 지나지 않아 수도원을 나와 로즈라는 여성과 동거를 시작했다. 로즈는 궁핍한 생활 속에서도 늘 로댕을 도와 석고를 반죽하고 작품의 모델이 되어주었으며 로댕의 아들을 낳았다. 로댕이 평생 로즈를 떠나지 못한 이유 가운데 하나가 바로 아들이었다. 카미유는 이런 로댕을 이해하지 못했다.

"나와 로즈 중에 한 사람을 선택하세요!"

카미유는 로즈처럼 못 배운 여자와 로댕을 공유하고 싶지 않았다. 그녀는 로댕에게 마지막으로 선택의 기회를 주었다.

"로즈는 병이 들었어. 하녀 내쫓듯 버릴 순 없어."

"나를 사랑하지 않나요? 나를 아내로 맞고 싶지 않나요?"

"로즈와 상의해볼게."

사실 로댕은 카미유와의 관계가 사람들 입에 오르내리는 것이 두려웠다. 상류사회에서는 아내가 아닌 여성과 몰래 만나는 일이 암묵적으로 용인되었지만 만일 외도 사실이 밝혀지면 세상의 뭇매를 피할 수 없었다. 복잡한 여자문제로 구설에 오르면 이제까지 어렵게 쌓은 명예와 인맥이 한순간에 무너질 게 뻔했다. 로댕은 카미유를 '삶을 비춰주는 빛'으로 여기며 진심으로 사랑했지만 로댕은 사랑 때문에 모든 것을 포기할 만큼 로맨티스트가 아니었고, 상류사회로부터 버림받는 것을 두려워했다.

Elizabeth Rosenblad Claybal

카미유는 스무 살 때부터 로댕의 조수이자 작품 모델이었고 잠자리를 같이 하는 여자이기도 했다. 천재가 마치 또 다른 천재의 하녀처럼 지낸 것이다. 그녀는 로댕과 일을 하면 자신의 꿈을 실현할 수 있을 거라 믿었기 때문에 그 어떤 고된 일도 남들보다 열심히 해 냈다. 하지만 시간이 갈수록 로댕을 위해 희생만 할 뿐 독립적인 작품활동의 기회를 갖기 어려웠다. 게다가 로즈에게 모욕까지 들어야 했다.

"이런 파렴치한 창녀 같으니라고! 네가 모델을 한답시고 그이 앞에서 알몸을 보이면 그이의 여자가 될 거라고 착각하고 있나 본데 꿈도 꾸지 마! 그와 자는 건 쉬울지 몰라도 절대 내 자리를 빼앗지는 못할 테니까!"

이처럼 힘든 상황에서 카미유는 로댕의 아이를 임신했다. 최고의 조각가이자 누구보다 손 감각이 예민한 로댕이 배를 어루만지면서도 미세한 변화를 느끼지 못하자 클로델은 로댕이 자신의 몸과 사랑을 무시했다고 생각했다. 절망에 빠진 클로델은 결국 아기 낳는 것을 포기하고는 이기적인 로댕의 곁을 떠났다.

깊은 사랑, 애절한 증오

2년 후, 로댕은 밤마다 클로델의 작업실을 찾았다. 예전 일은 모두 잊은 듯 서로를 부둥켜안았지만 그것도 잠시, 두 사람 사이에는 또다시 다툼이 일었다. 로댕은 불을 끄고 클로델의 작품을 쓰다듬으며 그녀의 천재적인 예술감각을 느끼곤 했다.

"왜 내 몸에는 손을 대지 않는 거죠?"

"기다려."

"내가 당신을 뛰어넘을까봐 두려운가요?"

"아니. 절대 그렇지 않아. 오히려 내 작품을 베낄까 두렵군."

로댕은 항상 클로델에게 자신이 우월한 존재임을 보여주고 싶었다. 그녀의 발자크 상을 만지던 그가 갑자기 화를 내며 말했다.

"네가 만든 발자크 상은 내게 골칫덩어리가 될 거라고 했지! 내가 두 여자 사이에서 갈가리 찢기길 바라는 거야? 제멋대로 날뛰게 해서는 안 되겠군!"

"나는 내 작품을 만들 권리가 있다고요!"

"네 작품이 내 명성에 조금이라도 먹칠을 하는 날엔……. 조각 따윈 당장 집어치워! 넌 내 상대가 못돼. 넌 그저 삼류 조각가일 뿐이야."

"왜 내게 이렇게 상처를 주죠?"

"넌 조각으로 나를 이기려고 하잖아."

"내 재능을 질투하는 거겠죠."

"난 조각에 생명을 불어넣지만, 넌 고통만 찾으려 할 뿐 생명을 무시하고 있어. 고통 때문에 술에 찌들어 있고 그 고통으로 조각을

하고 있단 말이야. 넌 너 자신을 피해자라고 여기며 조각을 하고 있지. 무슨 열사라도 된 줄 착각하지 마!"

"무슨 말을 내뱉건 한 가지 사실만은 잊지 않았으면 좋겠군요. 내 고통은 바로 당신 때문에 생긴 거예요. 나는 당신을 위해 온갖 고된 일을 다 했어요. 내가 고생하는 동안 당신은 높은 사람들을 만나러 다니느라 바빴죠. 조수들이 돌을 전부 다듬어놓으면 당신은 그저 마무리만 하는 정도였죠. 그게 예술가인가요?"

"무슨 말인지 알겠어. 결국, 너는 나에게 가장 심한 반기를 든 적이 되었군."

"나는 이제야 소중한 청춘과 작품을 당신에게 도둑맞았다는 사실 깨달았어요. 더 이상 당신을 만나고 싶지 않아요!"

클로델은 자신의 진정한 사랑을 한낱 노리개로 여긴 로댕을 증오하기 시작했다.

마음을 닫아버린 천재 조각가

아이가 유산되고 몸과 마음이 피폐해진 클로델은 고통의 나날을 보내다 이탈리아로 옮겨 창작활동을 하기로 결심했다. 그녀의 청동조각 〈로댕의 초상〉을 본 조각가들은 카미유 클로델이 대가의 능력을 갖췄다고 입을 모았다. 미술전람회에서 클로델의 새 작품은 큰 반향을 불러일으켰다. 붉은색과 짙은 녹색을 절묘하게 조화시켜 로댕의 정신과 감정을 역동적으로 표현한 〈로댕의 초상〉에 대해 평단에서는 호평이 쏟아졌고, 클로델은 프랑스국가예술협회 회원이 되었다. 이후 클로델은 자신의 작품 주문을 받으며 조각가로서 조금씩 명성을 쌓기 시작했다.

로댕은 고고한 자세를 낮추고 클로델에게 다시 접근하기 시작했다.

"당신은 뛰어난 작품을 창조하는 일류 조각가요. 필요하면 언제든지 내가 도와주겠어. 당신이 내 곁을 떠난 후 나는 지옥 같은 삶을 살았소. 일도 손에 잡히지 않았고 마음은 늘 심란했지. 예전처럼 당신과 함께하고 싶소. 당신의 부모 형제와 모든 사람에게 우리의 사랑을 알리고 당신을 아내로 맞이할까 하오."

그러나 로댕은 진심이 아니었다. 하루속히 로댕의 아내가 되길 바랐던 클로델에게 그는 로즈가 병에 걸렸다는 변명만을 늘어놓았다.

클로델은 내면의 격정과 욕망, 고통과 슬픔을 작품 속에 모두 쏟아냈다. 〈왈츠〉〈화가〉〈밀단을 진 소녀〉 등 많은 작품을 남기며 금기시되고 봉쇄된 정욕의 세계를 표현해냈다. 그녀는 자신의 몸을 모델로 욕정을 대담하게 그려내 문화적 충격을 일으켰다. 세상의 허위와 가식을 조롱하는 그녀의 작품을 본 많은 예술가(로댕을 포함한)들은 수치심과 분노를 동시에 느꼈다. 클로델의 작품은 곧 조각

까미유 끌로델의 작품, 애원과 왈츠

가들의 시기와 멸시를 받았고 조각에 대한 그녀의 열정마저 폄하되고 말았다. 로댕 역시 옛 연인의 과감한 작품을 보며 배신감을 느끼고는 극도로 분노했다.

'여자가 부끄러운 줄도 모르고 이렇게 대담한 작품을 만들다니. 이건 예술에 대한 모독이야.' 당시 사람들은 클로델의 작품을 보고 이렇게 생각했다.

카미유 클로델에게 서서히 불운의 그림자가 드리워졌다. 한 전시회에서 자신을 모델로 한 흉상이 전시회 출구에 놓여졌던 것이다. 그녀의 작품은 뜨거운 태양을 견뎌야 했고 새까맣게 먼지를 뒤집어쓰는 수모를 당해야만 했다. 예술계뿐만 아니라 시인이자 외교관이었던 남동생 폴마저 그녀에게 다가가지 못하고 점점 거리를 두기 시작했다.

천재적인 예술적 재능을 빼고, 그녀는 모든 것을 잃고 말았다. 다시는 조각 주문이 들어오지 않자 그녀는 가구와 작품을 팔아야만 했다. 가장 아끼는 회화작품을 팔아야 했던 슬픈 감정을 그녀는 이렇게 표현했다.

"나를 용서해줄 수 있겠니? 절망에 빠져 더는 갈 곳을 잃은 미친 예술가를 너만은 이해해줄 거야."

클로델은 밤마다 지쳐 쓰러질 때까지 거리를 뛰어다녔다. 이 천재 조각가는 피해망상에 빠져버렸다.

꺼지지 않는 예술적 열정

1905년 11월 14일, 모델인 아슬란은 미친 여자처럼 멍해 있는 클로델을 보고 기겁했다.

"어젯밤에 두 남자가 내 방 창문을 열고 들어오려고 했어. 난 그들이 누군지 알아. 로댕의 이탈리아 모델이야. 로댕은 내가 자신을 방해한다며 그들에게 나를 죽이라고 명령했어. 그는 내가 조용히 사라져주길 바라고 있거든."

말을 끝내자마자 클로델은 그 자리에 쓰러졌다.

로댕이 자신의 작품을 표절한다는 사실을 알고 있던 클로델은 피해망상에 빠져 로댕이 자신을 해치려 한다며 매일 공포에 시달렸다. 클로델은 로댕에 대해 남아 있는 모든 미련을 떨쳐버리려고 발버둥쳤다. 세상 에게 버림받은 천재 예술가는 점점 더 마음의 문을 닫아버렸고 남은 건 어둠과 광기뿐이었다. 클로델은 유일하게 세상과 그녀를 연결해주던 조각들마저 모두 깨뜨려버렸다.

1906년 11월 27일 새벽 4시, 카미유 클로델은 남아 있는 모든 힘을 다해 미친 듯이 거리를 뛰어다녔다. 발바닥에서 피가 흐르고 더는 뛸 힘이 없어지자 집으로 돌아가고 싶었지만 그녀는 길을 잃고 방황했다. 지나가는 사람들은 거지차림의 그녀를 보고 미친 여자라며 욕을 해댔다.

길을 잃고 헤매는 그녀가 안식을 느낄 수 있는 곳은 어디였을까? 천재 예술가가 돌아가야 곳은 과연 어디였을까?

1913년 봄, 아버지가 병환으로 사망하자 아버지의 기대를 저버렸다는 죄책감과 이제는 의지할 사람조차 없다는 절망감으로 클로델의 정신병은 극도로 악화되었다. 정신병원에 입원한 후 그녀는 다시는 사람들을 만날 수 없었다. 병원 측에서는 면회를 금지했고 그녀에 관한 모든 소식을 철저하게 비공개 처리했다.

1943년 10월 19일, 30년 동안의 끔찍했던 과거를 묻어두고 클로델은 79세의 나이로 생을 마감했다. 몇 년 후 그녀가 묻힌 무덤이 국가의 소유가 되면서 그녀가 살았던 모든 흔적이 이 세상에서 사라졌다. 하지만 꺼지지 않은 그녀의 예술적 열정은 지금도 미술관에서 살아 숨 쉬고 있다.

Elizabeth Rosenblad Claykel

만인의 연인 오드리 헵번

1929년 5월 4일 ~ 1993년 1월 20일

국적 네덜란드

가정형편 부유

부친 조셉 빅터 헵번(Joseph Anthony Ruston, 은행가)

모친 엘라 반 힘스트라(Ella van Heemstra)

남편 멜 페러(Mel Ferrer, 배우), 안드레아 도티(Andrea Dotti, 의사)

자녀 1남

직업 배우

영예 오스카상 여우주연상 수상

AUDREY HEPBURN

아름다운 입술을 원한다면
선한 말을 하고,
사랑스런 눈을 원한다면
사람들의 좋은 점을 보라.

헵번스타일

"마음의 눈이 없으면 아름다움을 보지 못한다."

오드리 헵번은 영화 속에서 자신이 연기하는 등장인물의 입을
통해 이와 같은 소박한 명언을 남겼다. 그녀는 인간세상에 내려온
천사였다. 그녀는 아름다움을 사랑했고, 아름다운 것들을 사랑했
으며, 아름다운 영혼을 더욱 사랑했다. 그녀가 자신의 삶을 통해
보여준 아름다움의 의미는 진실함과 선량함이었다. 그녀는 남성으
로부터 존중을 받았고 여자들 역시 그녀를 좋아했다. 그녀는 만인
의 연인이었다.

스타와 패션은 떼어놓고 생각할 수 없다. 마릴린 먼로가 세상을
떠난 후 그녀가 생전에 남긴 옷과 액세서리가 전시되고 경매에도
나왔고, 이때 공개된 물품은 매우 화려하고 희귀해서 사람들에게
흔치 않은 볼거리를 제공했다. 그러나 세계 영화계의 흐름을 이끌

135

Audrey Hepburn

〈로마의 휴일〉의 한 장면

고 패션과 트렌드를 선도한 배우를 꼽는다면 오드리 헵번만한 인물이 없다.

1929년 5월 4일, 오드리 헵번은 벨기에의 수도 브뤼셀에서 태어났다. 아일랜드계 영국 사업가인 아버지와 네덜란드의 여성 남작인 어머니는 그녀가 여섯 살 되던 해 이혼했다.

제2차 세계대전 당시 독일군은 그녀가 살던 네덜란드의 아른헴Arnhem을 점령했고 어린 소녀였던 오드리 헵번은 배고픔과 추위, 공포를 뼛속까지 경험했다. 열아홉 살 때는 영국으로 건너가 런던의 램버트 발레학교에서 들어갔다. 그러나 교장 램버트Marie Rambert는 그녀의 키가 지나치게 크고 전쟁 중 영양실조로 몸이 너무 말라 발레리나로는 성공하기 어렵다고 했다. 램버트의 평가를 들은 오드리 헵번은 인생의 진로를 변경했다.

영화계의 수많은 스타들은 데뷔 이후 힘든 과정을 겪은 뒤에야 정상의 자리에 오른다. 데뷔 초 그들은 잔심부름을 하거나 누구도 기억하지 못하는 단역을 하는 것이 일반적이었다. 데뷔하자마자 주목을 받는 경우는 매우 드물었다. 그런데 스물두 살의 오드리 헵번은 예외였다. 할리우드의 유명 감독 윌리엄 와일러William Wyler는 영화 〈로마의 휴일〉의 주인공 앤 공주 역에 신인인 오드리 헵번을 전격 기용했다. 천진난만하면서도 고상한 분위기, 명랑하고 발랄한 성격, 인형처럼 예쁜 얼굴. 그녀의 매력은 전 세계 수억 명의 영화 팬 마음을 한순간에 사로잡았다. 영화 속 앤 공주의 의상은 낯설고

Audrey Hepburn

새로웠다. 그녀는 우아하면서도 편안하며 개성을 한껏 드러낸 의상으로 현대적인 숙녀의 이미지를 만들어냈다. '헵번스타일'이라고 이름 붙여진 그녀만의 개성 넘치는 스타일은 '아름다움'과 '미인'의 정의로 확장되었다. 이는 자유와 해방을 추구하며 미래를 긍정적으로 보는 1950~60년대 여성의 심리와 절묘하게 맞아떨어졌다.

당시 코코 샤넬Coco Chanel은 '샤넬' 브랜드로 고가의 여성의류와 모자, 액세서리, 향수 등을 선보이며 세계 여성들로부터 큰 사랑을 받았고 '패션의 여왕'이라는 명예로운 칭호까지 얻었다. 하지만 오드리 헵번은 영화 한 편으로 단번에 코코 샤넬과 같은 지위에 올랐던 것이다. 대중은 완벽한 미의 전형으로 그녀를 꼽았고, 그녀를 모방했다. 수많은 젊은 여성들이 헵번의 헤어스타일을 따라한 뒤 그녀처럼 명랑하고 발랄해졌으며 긍정적인 생각과 자신감을 얻었다. 미국의 영부인으로 패션을 선도했던 재클린 케네디마저 오드리 헵번에게서 많은 것을 배웠다고 인정했다. 윌리엄 와일러 감독은 말했다.

"오드리 헵번은 고귀함, 우아함, 에티켓 등 이미 사라진 지 오래된 특별한 이미지를 떠올리게 한다. 하느님조차 그녀의 어여쁜 뺨에 키스하고 싶을 만큼 그녀는 모든 사람의 사랑을 받았다."

그의 말대로 오드리 헵번은 타고난 아름다움으로 대중과의 강한 친화력을 만들어 낸 할리우드 최고의 배우였다.

여자는 옷을 입는 것이 아니라 옷에 거주한다

1953년, 오드리 헵번은 영화 〈사브리나〉에서 아일랜드의 부유한 래러비 저택 운전기사의 딸 사브리나를 연기했다. 파리에서 패션을 공부한 사브리나는 이 부잣집의 두 형제와 사랑의 줄다리기를 벌인다. 이 작품의 감독 역시 오드리 헵번과 명콤비를 이룬 윌리엄 와일러였다. 그는 오드리 헵번에게 패션의 도시 파리로 가서 영화에 필요한 의상을 구매할 것을 제안했다. 그녀에게 이 제안은 꿈의 데이트와도 같았다. 오드리 헵번은 체형이 그대로 드러나는 바지에 하얀 블라우스, 굽 낮은 신발에 넓은 챙의 흰색 모자를 쓰고 패션디자인계의 왕자 휴버트 드 지방시Hubert de Givenchy를 찾아갔다. 스물여섯의 지방시에게 헵번은 화장기 없는 얼굴에 빛나는 눈동자, 마르고 훤칠한 모습 때문에 손대면 금방이라도 깨질 것만 같은 도자기처럼 보였다. 그는 스물넷의 이 젊은 아가씨가 가진 남다른 안목과 세련된 감각에 무척 놀랐다. 작업실에 걸린 옷과 모자를 아무렇게나 골라 입었는데도 헵번이 입으면 멋진 조화가 이루어졌고 그 순간 그녀는 눈부신 후광이 비치는 여신으로 변했다. 어떤 전문적인 모델도 그녀가 만들어낸 세련된 아름다움을 표현하지 못했다. 두 사람은 처음 만났는데도 마치 오래전부터 알고 지낸 사이처럼 서로에게 금방 친해졌다. 오드리 헵번은 지방시에게 이렇게 말한 적이 있다.

"당신의 의상은 영화 속 나의 캐릭터에 필요한 아름다움에 생명

Audrey Hepburn

을 불어넣었습니다. 당신이 디자인한 옷을 입으면 나는 내 역할에 빠져들게 돼요.”

이런 고백은 패션계의 왕자에게 최고의 찬사였다. 패션에 대한 지방시의 생각은 이랬다.

“여성은 단순히 옷을 입는 것이 아니라 자신의 옷 안에 거주하는 것이다.”

오드리 헵번은 공감했다. 그녀는 옷을 단지 신체의 부착물이 아니라 여성이 만나는 첫 번째 공간이며 제2의 생명으로 본 것이다.

헵번과 지방시는 모두 사물로부터 인성을 느끼고 인식했다. 오드리 헵번은 지방시를 “패션 디자이너일 뿐만 아니라 인격의 창조자”라고 인정했다. 서로의 생각에 깊이 공감하는 두 선남선녀가 사랑에 빠지는 것은 너무나 당연한 일이었다. 지방시는 오드리 헵번에게 아도니스였고 그녀는 그의 뮤즈였으니 하늘이 정해준 커플이라고 해도 과언이 아니었다. 두 사람은 자연스럽게, 필연적으로 연인 사이가 되었지만 결혼으로까지 이어지지는 않았다. 그러나 두 사람의 두터운 우정은 오드리 헵번의 어떤 결혼생활보다 오래 지속되었고 그것은 세속적인 명예나 이익을 초월하는 것이었다.

오드리 헵번은 성적 매력을 내세우는 마릴린 먼로와 대조를 이뤘다. 그녀에게는 귀족적인 기품이 있었으며, 그녀의 인생 목표 또한 남자의 마음을 차지하는 것이 아니라 자신의 능력과 가치를 증명하는 것이었다. 검은색의 스웨터, 하체의 곡선을 그대로 드러낸

긴 바지, 굽 낮은 신발, 단발머리, 옅은 화장으로 자연스럽게 개성을 살린 그녀를 보면 '여자는 자신을 즐겁게 해주는 사람을 위해 단장을 한다'는 말이 무색해졌다. 그녀의 모습은 자기정체성을 정확하게 인식하고 있는 현대 여성의 표상이었다.

"마릴린 먼로, 소피아 로렌, 엘리자베스 테일러는 남성이 생각하는 이상적인 미인이지만, 오드리 헵번은 여성이 생각하는 이상적인 미인이다."

오드리 헵번은 다른 여배우처럼 풍만한 가슴을 내세우며 성적인 매력을 강조하지 않았다. 또한 자신의 여성성을 드러내는 공간을 침실로 한정하지 않았다. 그래서 "오드리 헵번은 여성스러워 보이지만 실제로는 전혀 여성스럽지 않다."라고 말하는 사람도 있었다.

둘이서 함께

1953년 〈로마의 휴일〉로 단번에 스타덤에 오른 오드리 헵번은 신인 배우로서는 이례적으로 〈타임〉의 표지인물로 선정되었다. 〈라이프〉는 그녀를 올해의 인물로 선정했고, 패션잡지 〈트렌드〉는 그녀를 가장 매력적인 여성으로 뽑았다. 게다가 사랑까지 찾아왔다. 행운의 주인공은 영화 〈원탁의 기사〉의 주연배우 멜 페러Mel Ferrer였

Audrey Hepburn

다. 열두 살 연상의 멜 페러는 연기 외에 영화 제작과 감독까지 겸하며 할리우드에서 입지를 굳힌 인물이지만 영화계의 평판은 좋지 않았다. 대부분 그를 부도덕하고 악랄하며 목적을 위해서 물불을 가리지 않는 사람이라고 평했다. 오드리 헵번의 어머니 역시 여러 번의 이혼 경력이 있는 그를 탐탁하게 여기지 않았다. 그러나 오드리 헵번은 멜 페러와의 데이트가 즐거웠다. 그들은 브로드웨이 무대에서 〈오딘Ondine〉에 함께 출연하면서 뉴욕의 밤거리를 누비며 재즈음악을 듣고 노엘 카워드Noel Coward의 책을 읽으며 낭만적인 시간을 보냈다. 멜 페러의 서른일곱 살 생일에 그녀가 선물한 롤렉스시계에는 카워드의 책 제목인 '그 소년에 열광하다Mad About the Boy'라는 구절이 새겨져 있었다.

1954년 9월 24일, 두 사람은 스위스에서 결혼식을 올렸다. 오드리 헵번은 결혼생활에 충실했다. 그녀와 함께 영화에 출연한 남자배우들 모두 잘생긴 외모와 국제적인 명성을 가진 스타였지만 오드리 헵번은 그들과 한 번도 스캔들에 휘말린 적이 없었다. 그녀의 깨끗한 사생활은 남녀 관계가 복잡한 다른 할리우드 스타들과 뚜렷한 대조를 보였다.

오드리 헵번의 삶은 매우 성실하고 건전했다. 그녀는 아름다운 전원 풍경이 있고 신선한 공기를 마실 수 있는 시골을 좋아했다. 일찍 자고 일찍 일어났으며 흡연 외에는 몸에 해로운 일을 멀리했다. 여배우라는 직업에도 불구하고 그녀는 음식조절과 몸매관리에 대한 스트레스를 받지 않았다. 그녀는 다이어트로 고생하는 여성들에게 절대로 외모의 노예로 전락해서는 안 된다고 충고했다.

오드리 헵번은 우아함과 고귀함의 대명사였지만, 그녀 특유의 재치는 그녀의 매력을 더해주었다. 그녀는 영화 〈샤레이드〉에서 대본에 없는 대사를 즉흥적으로 하며 등장인물의 감정을 생동감 있게 표현했다.

영화에서 그녀는 캐리 그랜트^{Cary Grant}가 연기한 신비에 싸인 수사반장에게 집으로 들어오라고 청한다. 뜻밖의 초대에 당황한 그가 머뭇거리자 그녀는 여유롭고 우아하게 묻는다.

"왜 그러고 있어요? 내가 당신을 잡아먹기라도 할까봐요?"

그러고는 잠시 후 이렇게 덧붙인다.

"원한다면 그럴 수도 있지만."

남자주인공에게 느끼는 여주인공의 은밀한 감정이 절묘하게 녹아 있는 이 대사는 즉흥적인 것이었다.

서른여덟이 된 1967년, 오드리 헵번은 남편 멜 페러와 함께 출연한 영화 〈어두워질 때까지〉를 끝으로 영화계에서 은퇴한다. 그녀는 스위스의 농장 라 파이시블^{La Paisible}로 돌아가 현모양처 역할에 충실하고자 했다. 그러나 가정을 위한 그녀의 결심도 이미 파경에 이른 결혼생활을 되돌리지는 못했다. 멜 페러는 야심도 컸고 재능도 있었지만 연출한 영화마다 줄줄이 흥행에 실패하면서 사업가로서 큰 위기를 맞았다. 게다가 언론에서 '오드리 헵번의 남편'으로 부를 때

Audrey Hepburn

청순미의 오드리 헵번

마다 그의 자존심은 깊은 상처를 받았다. 쉰 살의 멜 페러는 결국 스페인 여성의 품에서 위안을 찾았고 그의 배신에 오드리 헵번은 하늘이 무너지는 듯한 충격을 받았다.

오드리 헵번의 두 번째 남편은 로마의 심리학 교수 안드레아 도티Andrea Dotti였다. 아홉 살 연하의 안드레아는 유머와 재치가 넘쳤고 여성들에게 인기가 많았다. 오드리 헵번이 국제적으로 유명한 스타였어도 안드레아는 그녀의 인기에 조금도 위축되지 않고 늘 자신감에 차 있었다. 오드리 헵번은 안드레아의 그런 모습에 흠뻑 빠졌고, 그를 너무 사랑했던 그녀는 결혼을 결심하게 되었다. 이런 그녀를 보고 어떤 팬은 오드리 헵번이 출연했던 영화의 제목을 넣어 이렇게 풍자했다.

멜 페러는 밖에 나가 바람을 피우며 자신의 아내를 〈어두워질 때까지〉 홀로 빈 집을 지키는 신세로 만들었으니 〈용서받지 못할 자〉가 되었다. 결국 세계인의 사랑을 받은 〈사브리나〉는 〈언제나 둘이서〉 함께 하자던 남편과 이혼하기로 결정했다. 쉰이 넘은 멜 페러는 인생의 황혼을 맞이해서 〈하오의 연정〉을 찾기 위해 하염없이 방황했다. 그러나 〈마이 페어 레이디〉는 마침내 진정한 사랑을 만나 〈로마의 휴일〉을 즐기게 되었다.

Audrey Hepburn

그러나 이 결혼도 잘못된 선택이었다. 오드리 헵번이 임신으로 집에서 안정을 취하며 태교에 집중하고 있을 때 안드레아는 젊은 여인과 바람을 피웠다. 파파라치가 찍은 민망한 사진들이 신문에 공개되었으나 안드레아는 부끄러워하기는커녕 오히려 자신의 행동을 변호하며 나섰다.

"나는 성인군자가 아니다. 이탈리아 남자치고 일부일처제를 따르는 사람은 없다. 이 점은 오드리 헵번도 처음부터 알고 있었다."

아무리 속 깊은 오드리 헵번이라도 안드레아 도티의 수없는 외도와 끊임없는 스캔들을 감당할 수는 없었다. 12년간의 두 번째 결혼생활은 그녀에게 깊은 수치심과 후회만 남긴 채 끝났다.

그 일 이후 오드리 헵번은 '영혼의 반려'(그녀의 말에 의하면 '정신적인 쌍둥이')인 로버트 월더스Robert Wolders를 만난다. 그는 네덜란드에서 태어난 영화배우 겸 사업가로, 그녀를 진심으로 사랑했고 그녀의 아름다움을 아꼈으며 그녀의 용기를 높이 평가했다. 로버트 월더스는 오드리 헵번이 가장 좋아하는 시인 타고르의 시를 인용해 자신의 마음을 고백했다.

"내 사랑이 당신에게 부담이 되지 않기를 바랍니다. 나는 당신을 사랑하기로 선택했고 그 사랑은 자유로운 사랑이 될 것입니다."

그는 자신의 말을 그대로 지켜서 오드리 헵번은 결혼이라는 '전기의자'에 다시 오를 일이 없었다.

하느님 곁으로 돌아간 천사

오드리 헵번은 데뷔작 〈로마의 휴일〉로 아카데미 여우주연상을 수상했다. 그 후 네 차례나 아카데미상 후보에 올랐지만 더 이상 수상의 영광을 차지하지는 못했다. 이에 불만을 품은 팬들은 할리우드에 헵번 안티세력이 존재한다는 의심까지 제기했다.

은퇴한 지 8년이 되던 1976년, 오드리 헵번은 절친한 데이비드 니븐$^{David\ Niven}$의 권유에 따라 〈로빈과 마리안〉에 출연하며 재기에 나섰다. 오랜 공백 기간에도 그녀의 연기는 전혀 녹슬지 않았고 관객들 역시 그녀를 따뜻하게 반겨주었다.

그녀는 마지막 영화 〈영혼은 그대 곁에〉에서 천사 햅^{Hap}을 열연했다. 어릴 때부터 오드리 헵번의 팬이었던 스티븐 스필버그 감독은 그녀와 함께 작품을 하고 싶다는 소원을 이룰 수 있었다.

말년의 오드리 헵번은 유니세프 친선대사라는 영예로운 임무를 맡았다. 그녀는 청바지와 운동화 차림으로 세계 곳곳을 다니며 기아, 학대, 질병으로 고통받는 어린이를 위해 봉사하고 성금을 모으는 데 앞장섰다. 그녀는 이 일을 마땅히 해야 할 일로 여기고 매우 열정적으로 임했다.

모든 어린이는 이 세상에 아직 희망이 있음을 알리기 위해 하느님이 우리에게 보낸 메신저다.

그녀는 타고르의 이 시를 되뇌곤 했다. 어린이를 향한 그녀의 사랑은 결코 사람들에게 보이기 위한 쇼가 아니라 마음 깊이에서 우러난 것이었다. 아들 션Sean Ferrer에게 그녀는 이런 교훈을 들려주었다.

"기억해라! 만약 도움의 손길이 필요하다면 너의 팔 끝에 있는 손을 이용하면 된다. 나이가 더 들면 너에게 손이 두 개라는 사실을 새롭게 발견할 것이다. 하나는 자기 자신을 돕는 손이고, 다른 하나는 다른 사람을 돕는 손이다."

그녀가 평생 지켰던 삶의 철칙이기도 했다.

예순셋이던 1992년 11월, 소말리아에서 돌아온 오드리 헵번은 몹시 피로하고 정신적으로 안정을 찾기 어려웠다. 풍토병에 걸린 것으로 생각했지만 검사를 해보니 암이었다. 그녀는 남은 삶을 의미 있게 보내고 싶었다. 그리고 죽음을 용감하게 맞이하기 위해 화학치료를 받지 않기로 결정했다. 암세포가 몸 전체로 퍼지면서 뼈를 깎고 살을 녹이는 듯한 고통이 엄습했지만 그녀는 꿋꿋하게 참아냈다.

1993년 1월 20일 오전 7시, 오드리 헵번은 그 해의 봄꽃을 보지 못하고 스위스의 라 파이시블에서 세상을 떠났다. 숨을 거둘 때 그녀의 얼굴은 너무나 평화로워서 마치 천사가 하늘나라로 돌아가는 듯했다.

"가장 아름다운 천사가 하느님 곁으로 돌아갔다."

엘리자베스 테일러의 애도사는 수많은 팬의 마음을 대변해주는
것이었다.

꿈 속의 여왕

엘리자베스 테일러

1932년 2월 27일 ∼ 2011년 3월 23일

국적 미국

가정환경 부유

부친 프랜시스 렌 테일러(Francis Lenn Taylor, 사업가)

모친 사라 비올라 왐브로트(Sara Viola Warmbrodt, 배우)

남편 총 8명

자녀 2남 2녀

직업 배우

영예 아카데미 여우주연상 수상

ELIZABETH ROSEMOND TAYLOR

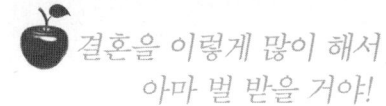
영화배우로 만들어지다

엘리자베스 테일러의 어머니 사라는 1920년대 브로드웨이 삼류 배우였다. 출연작 〈바보Fool's Bells〉가 성공을 거두기는 했지만 그것도 잠깐이었다. 자기주장이 강하고 남에게 지기 싫어하는 성격의 사라는 배우로 이름을 알리지 못하자 크게 상심했다. 결국 무대와 스크린에서 물러나 능력 있는 사업가 프랜시스 렌 테일러Francis Lenn Taylor와 결혼해 현모양처라는 새로운 역할을 맡았는데, 만인의 사랑을 받는 스타가 되겠다는 꿈은 여전히 버리지 못하고 있었다. 그러나 딸 엘리자베스를 낳고 그 희망을 이어갈 수 있었다. 짙은 눈썹, 윤기 흐르는 검은 머리카락, 초롱초롱한 눈동자, 백옥같이 새하얀 피부⋯⋯. 이 꼬마 미인은 영리한데다 자신의 감정을 표현하는 재능이 뛰어났다. 어느 곳을 가든 어떤 사람을 만나든, 보는 사람마다 엘리자베스에게서 눈을 떼지 못했다. 사람들은 "이 꼬마 아가씨는

14세 때 엘리자베스
테일러는 자신의 이
름을 건 첫 번째 책
을 출판했다.

비비안 리를 꼭 빼닮았네."라며 칭찬했다.

미국 판 맹모孟母 사라는 딸이 할리우드의 정기를 받을 수 있도록 비벌리힐스 근처로 이사했고, 수많은 아역배우 가운데 두각을 나타내 자기 대신 스타의 꿈을 이루어 줄 것을 기대했다. 유명 영화배우가 되는 것이 엘리자베스의 운명이라고 생각한 그녀는 어린 딸의 매니저 역할을 자처했다.

1941년 4월 21일, 아홉 살의 엘리자베스는 유니버설 픽처스와 6개월 계약을 맺었다. 출연료는 주당 100 달러였다. 그러나 출연분량이 너무 적었고 영화사는 정확한 설명도 없이 갑자기 계약을 취소해 버렸다. 다음해 엘리자베스는 MGM의 영화 〈래시 집으로 돌아오다Lassie Come Home〉에 영국 악센트를 가진 꼬마 아가씨로 출연했다. 출연료는 역시 주당 100 달러였다. 영화제작사는 엘리자베스의 이름을 '버지니아'로 바꾸고 머리를 붉은색이 감도는 금발로 염색할 것을 요구했지만 딸을 괴상망측한 모습으로 바꾸기 싫었던 프랜시스 테일러는 일언지하에 이를 거절했다. 엘리자베스는 당시를 이렇게 회상했다.

"제작사는 내 얼굴의 점도 없애라고 했다. 하지만 이 점이 내 매력점이 될 줄 누가 알았을까! 내 입과 눈썹까지 바꾸라고 했지만 내 대답은 '싫어요'였다."

2년 뒤에는 몇 편의 영화에서 비중 없는 단역을 맡았는데 그 가운데 유일하게 언급할만한 작품은 〈제인 에어〉뿐이다. 헬렌 번스

Elizabeth Rosemond Taylor

Helen Burns 역으로, 출연분량이 3분도 채 안 됐지만 차분하게 지적인 연기를 선보였다. 훗날 음탕한 작부 역할을 맡았을 때도 이때의 지적인 이미지는 후광처럼 남아 있었다.

그녀는 할리우드의 화려한 생활 속에서 닳고 닳은 어른들에게 둘러싸인 채 또래의 아이들이 누리는 평범한 행복을 경험하지 못했다. 그녀는 가끔씩 자문하곤 했다.

"내가 아이였던 적이 있기는 했나?"

그녀를 더욱 힘들게 만든 것은 학교에 가지 않고 MGM에서 공부하는 것을 놀리는 사람들이었다. 대본 외에 다른 책을 읽을 시간이 거의 없었던 것이다.

1943년 가을, MGM의 캐스팅 담당자 루시니 레이몬드 캐럴은 〈내셔널 벨벳National Velve〉의 여주인공을 물색하고 있었다. 그가 엘리자베스에게 내린 평가는 "아직 멀었어!"였다. 자신만만하고 지기 싫어하는 이 꼬마 아가씨는 그의 평가를 받아들일 수 없다며 그를 찾아가 따져 물었다.

"나더러 '아직 멀었다'니 그게 무슨 뜻이죠?"

"이 영화에 나오는 여자아이는 발육이 왕성한 나이여서 꽃봉오리처럼 봉긋 솟은 가슴이 필요하단다. 하지만 너는 꼭 사내아이 같구나."

"그 역할은 꼭 제가 맡을 거예요. 두고 보세요."

3개월간 음식조절과 운동에 매진한 결과 엘리자베스의 가슴둘 레는 3 센티미터 늘어났다. 오디션에 참가한 그녀는 캐럴에게 자신 만만하게 말했다.

"보세요, 가슴이 생겼다고요. 저는 모든 준비가 끝났어요."

마침내 엘리자베스는 〈내셔널 벨벳〉의 여주인공 벨벳 브라운 Velvet Brown 역을 맡아 지혜롭고 따뜻한 마음을 가진 소녀를 연기했 다. 영화는 관객의 호평을 받으면서 흥행에 성공했다. 엘리자베스는 일약 스타덤에 올랐고 7500 달러의 보너스 외에도 7년으로 계약기 간이 연장되었으며 출연료도 주 300 달러로 인상되었다. 게다가 열 세 번째 생일에는 이 영화에 출연했던 귀여운 밤색 말을 선물로 받 았다.

그 후 〈래시의 용기Courage of Lassie〉에서 주연을 맡았을 때 사라 는 직접 딸의 연기지도를 맡기로 결심한다. 그녀는 딸에게 여러 가 지 수신호를 가르쳤다. 촬영장 한구석에 숨어서 딸의 목소리가 너 무 크다고 생각되면 자신의 손을 배로 가져갔고, 대사에 감정이 부 족하면 심장에 손을 댔다. 딸이 한눈을 팔고 있으면 손가락으로 머 리를 가볍게 건드렸다. 얼마 지나지 않아 스태프들 모두 사라가 엘 리자베스를 꼭두각시처럼 조종하고 있음을 눈치 챘다. 하지만 사라 는 사람들의 시선에 아랑곳 하지 않았고, 영화감독은 사라의 지나 친 보호 때문에 골치를 썩기도 했다. 사라는 딸에 대한 보호가 지나 쳐서 엘리자베스의 몸이 조금만 좋지 않아도 휴가를 냈고 그럴 때 마다 촬영은 중단되어야만 했다.

Elizabeth Rosemond Taylor

16세의 엘리자베스 테일러는 이미 성숙한 여인의 분위기를 풍겼다.

어린이 스타는 성년이 되어서는 빛을 보지 못한다는 것이 연예계의 불문율이었다. 일찍부터 마약이나 알코올 등 각종 유혹에 넘어가 인생을 망치는 경우도 많았기 때문에, 사라는 딸이 이런 일을 겪지 않도록 화장실까지 따라다닐 만큼 엄격하게 단속했다. 어머니의 과보호로 엘리자베스는 친구도 사귀지 못하고 늘 외롭게 지내야 했다. 엘리자베스에게 연기는 삶의 전부였지만 영화라는 허구의 세계 속에 살다보니 영화와 현실에 대한 구분마저 모호해졌다. 비정상적인 이런 생활이 정신적으로도 좋을 리 없었다. 엘리자베스는 아무도 모르게 결심했다.

'빨리 어른이 돼서 엄마, 아빠 그리고 스튜디오가 없는 곳으로 떠나야지.'

사랑의 아픔

엘리자베스의 첫사랑은 글렌 데이비스Glenn Davis로, 그는 웨스트포인트 사관학교 졸업생답게 큰 키에 체격이 건장했고 미식축구와 야구에 능했다. 그를 처음 본 순간 그녀는 사랑에 빠지고 말았다. 데이비스는 외모만 멋진 것이 아니라 씀씀이 또한 거침이 없어서 엘리자베스에게 예순아홉 개의 진주로 엮은 목걸이와 황금축구공을 선물하기도 했다. 그녀는 보답으로 경기장 관람석에서 누구보다

크게 그를 응원했다. 하지만 사라는 둘의 교제를 반대했다. 당시만 해도 운동선수는 큰돈을 벌지 못했고 사회적 지위도 높지 않았다.

1948년 11월, 열일곱 살의 엘리자베스는 영화 〈공모자Conspirator〉에서 인기배우 로버트 테일러Robert Taylor의 스물한 살 아내를 연기했다. 이 무렵 그녀의 사랑에도 불협화음이 끊이지 않았다. 데이비스가 입대해 한국으로 떠나자 그녀의 마음도 그를 떠났다. 얼마 후에는 주미 브라질 대사의 아들 윌리엄 폴리William D. Pawley와 사랑에 빠졌다. 그는 스물여덟의 성공한 사업가로 나이에 비해 생각이 매우 보수적이어서 영화배우라는 직업을 인정하지 않았다. 특히 가슴이 드러나는 드레스를 입고 사람들 앞에 서는 것을 싫어했다. 그가 영화를 포기하고 자신의 아내로만 살아갈 것을 요구하자 엘리자베스는 결별을 선언했다.

〈젊은이의 양지〉에 출연했을 때 그녀는 상대역인 몽고메리 클리프트Montgomery Clift를 사랑하게 되었다. 그러나 그는 동성애자였다. 이 일 이후, 매너 좋은 부잣집 자제 콘래드 힐튼 주니어Conrad Hilton Jr.는 힘들이지 않고 그녀의 마음을 얻을 수 있었다. 그는 겉보기에 매우 말끔하고 세련된 귀공자였지만 실제로는 난폭한 주정뱅이에 심각한 노름꾼이었다. 사라는 콘래드가 16개 호텔을 소유한 힐튼그룹의 자제라는 조건에 매우 흡족해했고, 엘리자베스는 가능한 빨리 결혼하고자 했다. 면사포를 쓰는 순간 그림자처럼 따라다니는 어머니로부터 벗어나 자신만의 공간과 시간을 얻게 되리라고 생각해온 그녀로서는 당연한 일이었다.

유럽에서 신혼여행을 보내는 동안 꿈같이 달콤한 시간을 보내리라는 엘리자베스의 기대는 무참히 깨지고 말았다. 힐튼은 어여쁜 신부를 홀로 남겨두고 카지노에서 도박으로 시간을 보냈다. 엘리자베스는 쇼핑을 하며 무료한 시간을 보내야 했다. 신혼의 단꿈에 빠져 있어야 할 두 사람 사이에는 불만이 쌓여갔고 급기야 크게 싸웠다. 주변사람들까지 부부싸움의 심판을 자청하고 나섰지만 오히려 둘 사이를 더욱 갈라놓기만 했다. 6개월 만에 끝난 이 결혼은 두 사람 모두에게 상처만을 남겼다.

두 번째 실패한 결혼

힐튼과의 결혼이 파경으로 끝난 뒤 영국 인기배우 마이클 와일딩Michael Wilding이 엘리자베스의 삶에 뛰어들었다. 그는 화가였으나 우연히 영화감독의 눈에 띄어 연예계에 진출한 특이한 이력의 소유자였다. 그녀보다 스무 살이나 많았지만 귀족적인 분위기에 준수한 외모와 마음을 움직이는 목소리를 지닌 그는 젊은 혈기만 가득한 채 방탕하게 사는 힐튼과 달리 매사에 진중하고 성격도 유순했다.

엘리자베스와 마이클은 불과 얼음처럼 대조적이어서 그녀는 그의 마음을 얻기 위해 온갖 방법을 동원했지만 언제나 싸늘한 반응

Elizabeth Rosemond Taylor

만 돌아올 뿐이었다. 어느 날 마이클이 엘리자베스에게 사파이어 반지를 선물하며 그녀의 오른손에 끼워주려 했다. 엘리자베스는 곧바로 왼손을 내밀어 세 번째 손가락에 끼우며 기대하던 약혼반지라고 기뻐했다. 그러고는 그에게 키스하며 장난스럽게 물었다.

"저에게 청혼한 거죠! 그렇죠? 나를 아내로 맞이할 거죠?"

결국 마이클은 그녀를 아내로 맞이했다. 그러나 이들의 결혼에는 커다란 위험이 도사리고 있었다. 마흔 살의 마이클은 간질을 앓고 있는데다 경제적으로 불안정했다. 그는 할리우드에 진출했지만 상업영화에는 출연하지 않았다. 〈토치 송Torch Song〉에서 피아니스트를 연기한 그는 무겁고 우울한 분위기로 별다른 주목을 받지 못했고 〈이집트인The Egyptian〉 역시 성공을 거두지 못했다. 흥행에 계속 실패하자 그의 마음은 점차 연기에서 멀어졌다. 언제 간질발작을 할지 몰라 늘 불안한 마음 역시 중요한 이유였다. 자신의 일에 성공하지 못하고 아내의 명성에 의지해 살아가는 남자는 행복한 결혼생활은 유지하기 힘들었다.

마이클이 아침식사 전에 신문의 낱말퍼즐을 풀고 있으면 엘리자베스는 잔뜩 화난 눈으로 그를 노려보곤 했는데, 어느 날은 신문을 빼앗아 벽난로 속으로 던져 넣으며 외쳤다.

"나가버려요. 이런 한심한 퍼즐이나 풀고 있다니. 어디, 때릴 테면 때려봐요. 왜 가만히 있는 거죠?"

"난 이제껏 여자에게 손찌검한 적이 없소."

마이클의 반응은 예상과 달리 침착했다.

"오, 하느님! 차라리 당신이 날 때리기라도 하면 좋겠네요. 껍데 기만 있는 게 아니라 피가 돌고 살이 붙은 진짜 사람이라는 것일테 니까요."

아무리 지독한 말로 그의 자존심과 인격을 모독해도 그로부터 어떤 반응도 얻지 못했다. 그렇지만 마이클이 폐인처럼 살아가는 것을 지켜보고만 있을 수도 없었다.

1953년 3월, 엘리자베스에게 희소식이 찾아왔다. 파라마운트에 서 〈엘레펀트 워크Elephant Walk〉의 여주인공으로 캐스팅한 비비안 리 Vivien Leigh가 신경쇠약으로 출연을 못하게 되자 여주인공역이 그녀 에게 들어온 것이다. 출연료는 주 5천 달러였다. 영화배우로서 최고 의 자리에 올라섰음을 뜻하는 액수였다. 이 작품으로 그녀는 더 이 상 철없는 공주가 아닌 당당한 여왕으로 등극했다.

마이클과 엘리자베스는 더 이상 한 침대를 쓰지 않았다. 뮤지컬 〈마이 페어 레이디〉가 전미 순회공연을 할 때 마이클이 헨리 히진 스Henry Higgins 역할을 거절하자 엘리자베스는 화를 참지 못했다. 그 녀는 마이클의 방으로 들어가서 구제불능의 겁쟁이라고 욕을 퍼부 었다. 이로써 살얼음판을 걷는 듯했던 두 사람의 관계는 완전히 금 이 가고 말았다.

두 번째 결혼을 통해 엘리자베스 테일러는 무엇을 얻었을까? 두 아이의 어머니가 된 것 외에는 얻은 것이 없었다.

Elizabeth Rosemond Taylor

18세 때 〈신부의 아버지Father of the Bride〉에 출연한 엘리자베스.

414일간의 완벽한 결혼생활

1956년 봄, 엘리자베스 테일러는 〈80일간의 세계 일주〉의 조감독이자 젊고 잘생긴 케빈 맥클로리Kevin McClory와 불같은 사랑에 빠졌다. 이 짧은 사랑은 새로운 로맨스의 전주가 되었다. 크루즈 여행에서 〈80일간의 세계 일주〉의 제작자 마이클 토드Michael Todd를 만난 순간, 그녀의 마음은 온통 그에게 기울었다. 그는 여배우를 다루고 상업영화를 제작하는 데 수완이 좋아 한 번도 실패한 적이 없었다. 건장한 체격, 검은 머리카락에 험상궂은 얼굴, 시가를 문 입에서는 브로드웨이의 저속한 말들이 쉬지 않고 쏟아져 나왔다. 외모만 보면 프로 권투선수에 더 가까웠지만 그는 머리가 비상했고 남에게 베풀기를 좋아했다. 일주일에 수백만 달러나 벌기도 했지만, 많은 돈을 한순간에 써버리곤 해서 할리우드에서는 큰 손으로 통했다. 엘리자베스는 예술가의 고상함과 건달의 저속함을 동시에 가진 이 남자에게 매력을 느꼈다.

그는 그녀를 '잠재적 지식인'이라고 부르며 샴페인을 가득 따라주었다.

"마음껏 마셔요. 어차피 숙취로 고생하는 건 당신 머리일 테니까."

엘리자베스가 유명인임을 전혀 의식하지 않는 그의 태도 덕분에 그녀는 편안함을 느낄 수 있었다.

처음 만난 지 얼마 지나지 않아 마이클 토드는 저돌적인 애정공

세에 나섰다. 그는 가장 고리타분하면서도 효과가 확실한 방법을 택했다. '늘 당신이 그립다' '사랑한다' '결혼하자'는 말 외에도 노골적이고 낯간지러운 말들로 45분간 쉬지 않고 자신의 마음을 표현한 것이다. 엘리자베스는 훗날 이렇게 회상했다.

"그때 나는 최면에 걸린 것처럼 멍하니 앉아 있었다. 그는 내 생각은 묻지 않고 오로지 자기 생각만을 장황하게 늘어놓았다. 그의 저돌적인 공세는 아무도 당해낼 수 없었다. 그날 사무실을 나오면서 내가 곧 마이클 토드의 부인이 될 것임을 알았다."

소심하고 나약한 남자와 헤어진 뒤 위풍당당하고 자신감 넘치는 남자를 만나자 현기증이 날 지경이었다.

마이클은 엘리자베스를 만나기 위해 개인 비행기를 타고 촬영장에 찾아왔다. 제우스가 다나에를 만나기 위해 금비를 뿌리듯, 그 역시 자신의 아름다운 애인을 위해 값비싼 보석과 화려한 옷, 희귀한 그림을 선물했다. 이처럼 강렬한 열정과 행복을 느끼기는 처음이었다.

스물다섯 살 연상에 정신과 육체 모두 강한 그는 아버지의 사랑에 목말랐던 엘리자베스의 심리를 더없이 만족시켜주었다. 엘리자베스 테일러의 전기를 쓴 작가들은 모두 그녀에게 오이디푸스 콤플렉스가 있음을 암시하거나 직접적으로 지적했다. 그녀의 아버지는 처음부터 딸이 배우가 되는 것을 반대했다. 그의 태도는 나중에 바뀌기는 했지만 배우의 삶이 이점보다는 단점이 많다는 생각에는 변함이 없었다. 딸의 장래를 두고 그는 사라와 생각이 매우 달랐고 이때문에 두 사람의 관계는 점점 멀어져갔다. 엘리자베스는 어머니의 과보호 속에 자란 반면 아버지의 사랑은 충분히 받지 못했고 이는 정신적인 상처로 남았다.

마이클은 마치 어린 딸을 대하듯 여러 가지 규칙을 만들어 엘리자베스로 하여금 지키도록 했고 필요한 경우 벌을 주기도 했다. 그는 두 사람의 관계에 대해 한 기자에게 이렇게 털어놓았다.

"이 아가씨는 평생 말썽만 일으키고 다닌다네. 문제는 주변사람들 모두 마음이 좋아서 결코 그녀의 뜻을 거스르려고 하지 않는다는 거지. 하지만 난 다르다고. 그녀가 화를 내면 난 더 크게 화를 내지. 그녀가 지금까지 만난 남자는 다들 물러터진 샌님이었지만 난 강한 남자라고."

두 사람은 때로 언성을 높였고 심할 때는 치고받고 싸우기도 했지만 화해하고 난 뒤에는 더욱 친밀해졌다. 이 부부와 가깝게 지내던 작가 레너드 모즐리Leonard Mosley는 말했다.

"두 사람처럼 큰소리로 윽박지르고 금방 헤어질 것처럼 싸우면서도 성공적으로 결혼생활을 유지하는 커플은 처음 본다."

1957년 3월 마이클 토드는 〈80일간의 세계 일주〉로 아카데미 제작자상을 수상했다. 그날 밤, 엘리자베스는 남편이 선물한 2만 5000달러짜리 다이아몬드 장신구를 머리에 꽂은 채 마치 여왕처럼 할리우드의 수많은 미녀들을 제압했다.

Elizabeth Rosemond Taylor

956년 영화 〈자이언트〉의 시사회에 참석한 엘리자베스 테일러와 그녀의 세 번째 남편 테일러 토드

"어떤 인생을 살기 원하는가?"

엘리자베스는 이 질문을 영화와 현실 속에서 수없이 했고 이제 그 답을 찾았다. 그녀는 아름다운 얼굴과 풍만한 몸매를 원했다. 하늘 높이 치솟는 인기, 수많은 보석, 화려한 생활, 눈부신 성공을 원했다. 또한 자신을 격려해주고 받들어 주며 미친 듯이 사랑해줄 사람을 원했다. 마이클 토드는 마치 하늘이 보낸 수호천사같이 그녀의 모든 소원을 이루어주었고 바라지 않았던 것까지 안겨주었다. 그녀는 속으로 생각했다.

'이제 영화배우는 더 이상 하고 싶지 않아, 난 현모양처가 되겠어.'

그러나 하늘은 그녀의 은퇴를 바라지 않는 열혈 팬이었는지 그녀의 소원은 실현되지 않았다. 비행기사고로 남편을 잃은 것이다. 그녀의 일생 중 가장 행복했던 결혼생활은 겨우 414일 만에 끝나고 말았다.

당시 스물여섯이었던 그녀는 세계에서 가장 유명한 여성 가운데 하나였고 총 27편의 영화에 출연했으며 세 번 결혼하고 두 번 이혼한 세 아이의 엄마였다. 이제는 '마이클 토드의 미망인'이라는 호칭이 꼬리표처럼 따라다녔다. 눈물로 흐릿해진 눈으로 그녀는 손가락에 낀 결혼반지를 보았다.

"이 반지는 언제까지나 끼고 있을 거야……."

그 1958년에 그녀가 주연한 〈뜨거운 양철 지붕 위의 고양이〉는 엄청난 성공을 거두었다. 흥행에도 성공하고 평단에서도 호평을 쏟

Elizabeth Rosemond Taylor

아냈다. 그러나 그 무엇도 그녀의 슬픔을 위로해주지 못했다.

그녀가 인생에서 가장 힘든 시기를 넘길 수 있도록 도와준 사람은 마이클 토드와 절친했던 가수 에디 피셔Eddie Fishe였다. 그는 가수이자 배우인 데비 레이놀즈Debbie Reynolds와 결혼한 상태였는데 엘리자베스의 눈에 그는 죽은 마이클과 너무나 닮아 보였다. 말투가 거칠었고 입에는 늘 시가를 물고 있었으며 돈을 물 쓰듯 했다. 그는 박력 넘치는 사내대장부처럼 보였다.

엘리자베스 테일러는 상을 치른지 일 년도 되기 전에 에디와의 결혼을 준비했다. 세상은 그녀를 가리켜 남의 결혼을 파괴하고 남자를 유혹해 집어삼키는 '요부'라고 비난했다. 곳곳에서 쏟아지는 비난과 분노의 목소리에도 엘리자베스는 꿈쩍하지 않았다. 오히려 이렇게 되물었다.

"나더러 어쩌란 말인가요? 이대로 독수공방하라는 건가요?"

에디 피셔는 주변의 예상보다 훨씬 빨리 본모습을 드러냈다. 그는 엘리자베스의 마음을 얻기 위해 마이클 토드의 행동을 흉내냈고 그런 거짓행동을 계속하기 위해 약물을 복용하기도 했다. 그에게는 마이클에게 있던 재산도 건강도 넓은 도량도 재능도 없었던 것이다. 비통함에서 벗어나 정신을 차린 엘리자베스는 에디의 외모가 마이클과 조금 닮았을 뿐임을 그제서야 깨달았다. 크게 실망한 그녀는 더 이상 에디를 사랑하지 않았다. 그는 그녀의 일을 돌봐주는 비공식적인 매니저로 전락했다.

에디에게도 불만스러운 결혼생활이었다. 예전의 마이클 와일딩처럼 '엘리자베스 테일러의 남편'일 뿐이었던 그는 집 안 곳곳에 걸린 마이클 토드의 사진, 엘리자베스가 끼고 있는 결혼반지를 볼 때마다 심기가 불편했다. 게다가 에디의 사업은 끝없이 추락한 반면 엘리자베스의 명성을 하늘을 찔렀다. 그녀는 모든 여배우들의 꿈인 이집트 여왕 클레오파트라 역을 차지하면서 100만 달러라는 거액의 출연료를 받았다. 1959년 당시 영화계에서 전례가 없는 천문학적 액수였다.

영화 〈클레오파트라〉의 준비과정은 매우 복잡했다. 시나리오가 끊임없이 바뀌고 감독이 수시로 교체되어 상당히 오랜 시간이 지났는데도 별 진전이 없었다. 한편 주연을 맡은 또 다른 영화 〈버터필드 8Butterfield 8〉이 예기치 않은 성공을 거두었다. 이 영화에서 그녀는 낮에는 런웨이에서 모델로 일하고 밤에는 남자를 유혹하는 콜걸 글로리아 원드로스Gloria Wandrous를 연기했다.

이전에 그녀는 〈레인트리 카운티Raintree County〉 〈지난 여름 갑자기〉 〈뜨거운 양철 지붕 위의 고양이〉에서 훌륭한 연기를 선보여 3년 연속 아카데미 여우주연상 후보에 올랐지만 정작 수상은 하지 못했는데, 그녀가 연기한 주인공 모두 인륜과 도덕을 저버리고 사회에 반항하는 캐릭터였기 때문이다. 그녀는 가식적이고 모순된 할리우드의 희생양이 된 것이다.

1961년 봄 엘리자베스 테일러는 폐렴에 걸려 생명을 잃을 뻔하

Elizabeth Rosemond Taylor

는데 이 소식은 수많은 국가 정상들의 소식을 제치고 신문 일면 기사에 올랐다. 1958년 교황 피우스 12세$^{Pius XII}$의 임종이 가까웠을 때도 이처럼 전 세계적인 관심을 일으키지 못했다.

마침내 할리우드는 관용을 베풀어 〈버터필드 8〉에서 보여준 그녀의 빛나는 연기를 인정해 오스카상을 수여했다. 그녀는 수상의 비밀을 공개하기도 했다.

"이것은 동정으로 받은 상이다."

〈클레오파트라〉는 결국 조지프 맹커비츠$^{Joseph L. Mankiewicz}$ 감독의 손에 의해 완성되었고 상업적으로 엄청난 성공을 거두었다. 엘리자베스는 치명적인 매력을 지닌 클레오파트라를 연기해서 전 세계 영화팬들의 사랑을 받았을 뿐 아니라 700만 달러의 수입을 올렸다. 1963년 당시 미국의 대기업 회장 가운데 가장 높은 연봉이 65만 달러였고 케네디 대통령의 연봉이 15만 달러였으니 실로 엄청난 액수였다. 전미 최대 흥행 성적을 이룬 스타로서 엘리자베스 테일러는 여왕 같은 생활을 누렸다. 시중을 들어주는 사람, 보디가드, 매니저 외에도 수많은 이들이 기꺼이 그녀를 여왕처럼 받들었다.

에디 피셔는 이미 존재감을 잃었고 그의 자리를 대신한 사람이 나타났다. 또 다른 할리우드의 스타 리처드 버튼$^{Richard Burton}$이었다.

그녀의 가슴이 세상의 종말을 말해준다

배우자를 선택하는 데 있어 엘리자베스 테일러는 이전의 실수를 만회하려다 오히려 더 큰 실수를 저지르는 잘못을 반복했다. 거칠고 방탕한 힐튼과 헤어진 뒤 유순하고 신중한 마이클 와일딩을 선택했고, 마이클 와일딩의 우유부단함에 질려 과감하고 결단력 있는 마이클 토드를 선택했다. 다음번의 결혼은 지난번 결혼에서 받은 상처를 치유하는 약이 되었지만 근본적으로 병을 치료하지는 못했다.

리처드 버튼은 예술적 재능이 남달랐고 셰익스피어의 연극에 대한 비범한 이해력과 표현력으로 영국 연극계에서 인정을 받았다. 할리우드에서 그는 예술가이자 성공을 꿈꾸는 야심가였다. 사적인 자리에서 처음 엘리자베스를 만났을 때 그는 찬사를 연발했다.

"그녀의 가슴이 세상의 종말을 말해줄 것이다. 그녀의 몸은 기적 같은 건축물이며 천재 건축사가 만든 걸작이다."

이후 몇 년간 두 사람의 관계는 별다른 진전이 없었다. 그런데 엘리자베스와 유부남인 에디 피셔의 스캔들이 세상에 알려지고 나자 리처드 버튼의 태도는 일순간에 바뀌었다.

"엘리자베스를 세상에서 가장 아름다운 여인이라고 말하지만, 허튼소리다. 물론 그녀의 얼굴은 예쁘고 눈이 매혹적이긴 하지만 턱살이 겹쳤고 가슴은 심하게 풍만하며 다리는 너무 짧다."

Elizabeth Rosemond Taylor

겉으로는 엘리자베스를 공개적으로 깎아내렸지만 사실 그는 그녀의 성적인 매력에 마음을 빼앗긴 지 오래였다.

엘리자베스 테일러에게, 예술적 소양이 높은 리처드 버튼은 얼굴만 바뀌었지 마이클 토드를 다시 만나는 것과 같았다. 리처드 버튼은 고집이 세고 결단력이 있으며 화려한 생활을 누렸고 재능이 남달랐다. 그는 모든 상황을 손 안에 쥐고 조종했으며 그녀에게 명령하고 야단쳤지만 한편으로는 칭찬하고 보듬어주는 듬직한 남자였다. 그의 강한 카리스마는 답답하고 우유부단한 에디 피셔와는 비교가 되지 않았다. 그는 로맨틱한 열정을 새롭게 일으켰다. 엘리자베스 테일러는 사춘기 소녀처럼 기뻐하며 소리쳤다.

"그는 잠자는 공주를 깨우러 온 백마 탄 왕자님이야!"

〈클레오파트라〉에서 리처드 버튼은 제국을 버리고 절세미인을 차지하려는 로마의 영웅 안토니 역할을 맡았다. 촬영 당시 리처드 버튼과 엘리자베스 테일러가 영화를 핑계 삼아 사랑을 키웠음을 감독과 스태프 모두 알고 있었다. 역사적 사실을 소재로 한 이 방대한 스케일의 영화에서 엘리자베스 테일러의 연기는 생동감이 넘쳤다. 세심한 화장을 마친 그녀의 모습은 옛날 동전에 찍힌 클레오파트라와 비교가 되지 않을 만큼 눈부신 광채를 내뿜었다.

1960년대 초, 미국은 보수적인 분위기가 강했지만 엘리자베스와 리처드 버튼은 사람들의 손가락질에 아랑곳하지 않고 동거를 시작했다. 두 사람은 '간통'이나 '혼외정사'라는 도덕적인 심판을 두려워하지 않고 자유로운 감정을 추구했다. 이들의 사생활을 다룬 기사는 훗날 영국 찰스 왕세자와 카밀라의 혼외정사보다 사회적으로 더 큰 파문을 일으켰다. 여론은 사냥개보다 더 맹렬하게 두 사람을 비난했다.

마이클 토드를 닮은 리처드 버튼은 엘리자베스의 격려 속에 더욱 그를 닮아갔다. 두 사람은 함께 술에 취하고 다퉜으며 공공장소와 사적인 장소를 가리지 않고 난폭한 행동을 보여 신문 연예면을 화려하게 장식했다. 두 사람의 상식 밖의 언행은 기자들에게 고마운 기사거리였다. 엘리자베스 테일러는 리처드와 다투기를 좋아했다. 이런 방식으로 두 사람은 긴장과 열정을 유지해서 서로에 대한 권태를 피할 수 있었다. 결혼식이 열리던 날, 리처드는 그녀와의 결혼을 '최후의 심판'이라고 불렀는데, 그의 역할은 '신'이었을까 아니면 '죄인'이었을까?

1965년 엘리자베스 테일러의 연기인생은 최고의 절정에 이르렀다. 그녀는 〈누가 버지니아 울프를 두려워하랴?Who's Afraid of Virginia Woolf?〉에서 마르다Martha 역할로 아카데미 여우주연상을 또다시 수상하는 영광을 얻었다. "내가 악녀 연기만큼은 실감나게 하지."라는 그녀의 말이 과장이 아님을 증명한 셈이다.

그러나 비극은 또다시 시작되었다. 유난히 술을 좋아한 리처드 버튼은 과도한 음주 때문에 예전처럼 연기에 두각을 나타내지 못했다. 뿐만 아니라 자존심이 강했던 그는 아내의 성공을 질투해 엘리

Elizabeth Rosemond Taylor

자베스를 '할리우드의 꼭두각시'라고 비아냥거렸다. 당시 엘리자베스는 무절제한 음식 섭취와 음주로 살이 찐 상태였지만 이미 성공한 배우였기 때문에 배역을 얻는 데 고민할 필요가 없었다.

스타로서 그녀의 삶은 영화보다 화려했다. 그녀는 개인비행기, 요트, 밍크코트, 수백만 달러에 상당하는 보석을 가지고 있었다. 그 가운데 369캐럿짜리 카르티에 다이아몬드는 시가 150만 달러에 달했다. 〈뉴욕타임스〉는 엘리자베스 부부를 가리켜 '속물의 결정판'이라고 신랄하게 비꼬았다.

이렇듯 화려한 삶이었지만 서른여섯 살 때는 자궁을 적출해야 했고 좌골신경통으로 인한 통증 때문에 마약을 시작하기도 했다. 바로 이때 리처드 버튼의 옛날 버릇이 다시 살아났다. 그는 남아도는 테스토스테론을 주체하지 못하고 모델 등 젊은 여자들과 바람을 피우기 시작했다. 이혼한 뒤 재결합한 상태였던 두 사람의 관계는 회복이 불가능할 만큼 악화되었다. 패션계의 여왕 코코 샤넬의 명언대로 '지난 인연을 계속 이어가는 것은 고통일 뿐이며 화해는 곧 재앙'이었다. 엘리자베스 테일러는 마음을 새롭게 가다듬고 사업가 헨리 웨인버그Henry Weinberg의 품에 안김으로써 리처드 버튼과의 10년간의 결혼생활에 완전한 종지부를 찍었다.

사람들의 눈에 리처드 버튼과 엘리자베스 테일러는 완벽한 커플이었지만 두 사람 사이에게는 너무나 많은 경쟁관계가 숨어 있었다. 두 사람 가운데 누가 연기로 세계를 정복할까? 누가 더 떠들썩하게 소리를 지르고 오만과 독단을 저지를 것인가? 누가 더 실감나게 폭언과 욕설을 할까? 싸우고 술 마시면서 누가 더 철저히 망가질까? 이런 경쟁은 결국 서로를 망가뜨릴 뿐이었다. 두 사람의 공통점은 모두 깊은 바다 속으로 추락했다는 것이고 다른 점은 엘리자베스 테일러는 모래사장으로 올라왔지만 리처드 버튼은 해류에 밀려 흔적도 없이 사라졌다는 것이다.

결혼을 많이 해서 벌받을 거야

마흔넷의 여인에게 재산은 있지만 사랑이 없고, 욕망은 있되 건강이 없고, 성공은 했지만 의지할 사람이 없다면 결코 행복한 삶이라 할 수 없을 것이다. 엘리자베스 테일러는 이같은 딜레마에 빠졌다. 그녀에게 남은 유일한 지푸라기란 다름 아닌 결혼이었다. 이때 누가 과연 인생의 로또에 당첨되는 행운아가 됐을까? 미국 해군장관(1972년)을 지낸 존 워너John Warner였다. 전처는 억만장자 아버지를 둔 부잣집 딸 캐서린 멜런Catherine Mellon으로, 두 사람은 인생의 목표가 달라 결국 이혼하게 되었다. 정치적 야심이 큰 그와 달리 그녀는 정치에 전혀 관심이 없었던 것이다.

존 워너가 두 번째로 맞이한 아내가 엘리자베스 테일러. 그녀는 세간을 떠들썩하게 만들었던 결혼을 이제 막 끝낸 뒤라 안정적이고

Elizabeth Rosemond Taylor

평온한 삶을 원했다. 하지만 그녀의 방법은 항상 이전 결혼에서 느꼈던 아쉬움을 새로운 남자를 통해 채우는 것이었다. 그녀는 하원 의원 선거에 나선 남편을 위해 티파티를 열었다. 남편의 드넓은 목장에서 준마를 돌보고, 정치집회와 텔레비전에서 유세하는 남편 곁에서 매력적인 모습으로 유권자의 호감을 샀다. 워너가 엘리자베스에게 구애한 것은 출세를 위해서라는 사실은 누가 봐도 분명했다. 세계적인 배우와의 결혼이 정치적 야심을 이루는 데 득이 될 터였다. 엘리자베스 또한 이 사실을 알아 '정계에는 진실한 사람이 드물다'며 사적인 자리에서 여러 차례 이를 언급했다. 그러나 리처드 버튼에 대한 절망과 분노에서 벗어나기 위해 존 워너와 결혼한 만큼 전과 다른 새로운 생활방식을 기꺼이 받아들였다.

존 워너는 기자 앞에서 위세 부리기를 좋아했다. 이 베테랑 정치인에게 엘리자베스 테일러는 한낱 소유물에 불과했고 그는 언론에 이렇게 말하기도 했다.

"크고 아름다운 보석과 값비싼 선물로 그녀의 마음을 움직이는 시기는 이미 끝났다. 그건 내 스타일이 아니다."

이에 대해 엘리자베스 테일러는 별다른 반응을 보이지 않았다. 연애에서 결혼으로 넘어가는 단계에서 그녀는 언제나 상대에게 순종적이고 다정했고, 또 너그러웠다. 그러나 그녀의 인내심에도 한계가 찾아왔다. 공화당 대표단이 그녀가 가장 좋아하는 보라색 드레스가 품위를 떨어뜨린다고 평했을 때, 워너가 의원에 당선된 뒤 그녀의 유명세에 더는 의존하지 않았을 때, 먹고 마시고 노는 일 외에는 어떤 의욕도 느끼지 못할 때, 폭식으로 체중이 80킬로그램이 넘었을 때, 화려하고 값비싼 보석이 거추장스럽게 보일 때……. 그녀는 결혼생활에서 더 이상 즐거움을 느끼지 못했다. 더욱 불행한 것은 엘리자베스 테일러의 식탐과 비만이 이미 연예계의 농담거리가 되었다는 점이었다. 코미디 작가 조안 리버스^{Joan Rivers}는 그녀를 놀리는 어록을 썼고 이것은 사람들 사이에 크게 유행했다.

> -엘리자베스의 턱살은 중국의 전화번호부보다 두껍다.
> -엘리자베스가 해양공원에 가서 범고래를 보더니 물었다. "저것이 감자튀김과 세트로 나오는 메뉴인가요?"
> -엘리자베스는 음식에 대한 집착이 강해서 전자레인지 앞에서조차 '빨리빨리'를 외친다.

그녀는 팬들에게 자신이 결혼을 잘못했다고 솔직하게 인정했다. 그녀가 선택한 사람은 안하무인에다 애써 찾으려 해도 장점이라곤 전혀 없는 정치인이었다.

1981년 말, 엘리자베스 테일러와 존 워너는 별거에 들어갔다. 이와 동시에 그녀가 심각한 약물과 알코올중독에 빠져있음이 세상에 공개됐다. 그녀가 유일하게 할 수 있고, 또 반드시 해야만 할 일은 요양원에 들어가서 약물과 알코올 중독을 치료하는 것이었다. 이런

Elizabeth Rosemond Taylor

상황에서도 그녀는 돈 많은 이혼남인 멕시코 변호사 빅터와 연인이 되었다. 그렇지만 이 무골호인은 엘리자베스의 애인 역할을 오래 이어가지 못했다. 엘리자베스는 요양원에서 생활하던 시기에 만난 서른일곱의 트럭 운전수 래리 포튼스키Larry Fortensky를 여덟 번째 남편으로 맞이했다. 젊은 시절에는 어릴 때 받지 못한 아버지의 사랑을 그리워하며 성숙한 남자를 선택했지만 나이가 들어서는 젊은 남자에게 모성애를 느끼기 시작한 것이다. 1991년 10월 6일, 엘리자베스 테일러와 스무 살 연하의 래리 포튼스키는 마이클 잭슨의 네버랜드에서 세기의 결혼식을 올렸다. 아부하기 좋아하는 사람들이 결혼을 축하하자 그녀는 이렇게 대꾸했다. "난 결혼을 너무 많이 해서 벌받을 거야!"

1996년, 그녀의 여덟 번째 결혼도 이혼으로 끝이 났다.

그녀는 사랑 없이 살 수 없는 사람이었다. 언젠가 그녀는 자신의 인생을 돌아보며 이런 결론을 내렸다.

"나는 결혼하지 않고 살 수 있지만 사랑이 없는 삶은 살 수 없다. 지난 세월 동안 함께 살았던 남편의 수를 헤아려보니 다시는 진정한 사랑을 만나지 못할 것 같다."

그리고 2011년 3월 심부전증을 앓던 그녀는 80세의 나이로 세상을 떠났다.

"내게는 삶을 향한 열정이 있다."

엘리자베스 테일러의 유명한 고백이다. 그녀는 자신이 110세까지 살 수 있으며 그때도 여전히 사랑을 하리라 믿었다. 그녀는 모두가 부러워하는 미모와 명예와 재산을 소유했다. 그리고 남보다 더 많은 아픔을 겪었다. 폐렴, 자궁 적출, 기관지 절개, 골절, 당뇨, 폭식증, 약물과 알코올 중독으로 괴로운 나날을 보냈으며 서른 살이던 1962년에는 자살을 기도하기도 했다. 결혼생활은 늘 평탄치 못했고 그녀를 사랑했던 남자들 반 이상이 인생에서 가장 왕성한 활동을 할 나이에 죽음을 맞이했다.

미녀는 머리가 나쁘다는 편견을 깬 미녀

엘리자베스 테일러는 모두 56편의 영화에 출연했다. 정식으로 연기수업을 받은 적은 없었지만 그녀는 살아있는 눈빛과 몸짓으로 맡은 역할을 생동감 있게 표현했다. '20세기를 빛낸 세계 최고의 여배우' 1위를 차지한 것은 결코 행운이 아니었다.

스타와 꿈을 만들어내는 거대한 공장 할리우드, 엘리자베스 테일러는 이곳의 수혜자인 동시에 피해자였다. 그녀는 할리우드에서 최고의 찬사를 받으며 더없는 영예를 누리기도 했고 터무니없는 비방 때문에 나락으로 떨어지기도 했다. '미의 여신' '예술가'라고 그녀를 칭송할 때 다른 한편에서는 '창녀' '바람둥이'라는 비난이 있었다. 그러나 그녀는 오명을 굳이 해명하려 들지 않았고 억울하다

Elizabeth Rosemond Taylor

고 울먹이는 대신 당당하게 고개를 들었다. 그녀는 사회의 보수적인 시각에도 아랑곳하지 않고 애인과 공개적으로 동거를 했고, 이데올로기의 대립이 치열했던 냉전시대에도 소련에 대한 관심을 숨기지 않았다. 동성애가 사회적인 지탄을 받을 때 동성애자의 인권을 옹호했으며, 에이즈가 20세기의 역병이 되었을 때 에이즈 환자를 위한 모금에 앞장섰다. 세상의 이목을 두려워하지 않고 자신의 기준 대로 살았던 그녀는 말년에 접어들어 에이즈 환자와 동성애자의 복지를 위해 일했다. 자신의 이름을 건 에이즈재단을 설립했으며 "무지와 편견이 에이즈보다 더 무섭다"는 명언을 남겼다. 그녀는 동성애자들의 성적 취향과 그들의 인격을 존중했다. 그녀의 친구들과 주변에서 일하는 이들 상당수가 동성애자였다. "동성애가 없었다면 미국에는 예술이 없었을 것이다."라는 명언 역시 그녀가 남긴 것이다. 그녀는 자신이 가진 영향력을 통해 세상을 변화시켰고 그 혜택은 수많은 이들에게 돌아갔다. 그녀는 가고 없지만, 사람들은 엘리자베스 테일러를 치명적인 매력을 발산하는 '리즈 여왕'이자 '클레오파트라'로 영원히 기억할 것이다.

세상을 정복한

재클린 케네디

1929년 7월 28일 ∼1994년 5월 19일

국적 미국

가정환경 부유

부친 잭 부비에(Jack Bourvier)

모친 재닛 리(Janet Lee)

배우자 존 F. 케네디(John F. Kennedy, 미국 대통령), 아리스토텔레스 오나시스(Aristotle Onassis, 그리스 선박왕)

자녀 1남 1녀

직업 기자

별명 사교계의 여왕

지위 미국 영부인, 출판인

JACQUELINE LEE
BOUVIER KENNEDY
ONASSIS

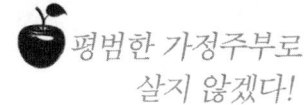
신데렐라가 아닌 백설공주

"남자는 세상을 정복함으로써 여자를 정복하고, 여자는 남자를 정복함으로써 세상을 정복한다."는 말이 있다. 재클린 케네디는 출중한 재능과 매력으로 최고의 권력을 거머쥔 남자와 최대의 재력을 가진 남자를 정복했고, 이로써 세상을 정복한 여성이었다.

여성해방을 외치는 사람들은 재클린 케네디의 인생을 보며 눈살을 찌푸릴지 모른다. 그녀가 얻은 부와 명성은 스스로의 노력이 아니라 최고의 자리에 앉은 남자들과의 동화 같은 결혼을 통해 이루어진 것이기 때문이다. 첫 번째 남편은 막강한 권력을 지닌 다윗이었고 두 번째 남편은 황금열쇠를 거머쥔 솔로몬이었다. 여성운동가들이 그녀의 성공에 진정한 의미를 두지 않는 이유다. 그러나 대부분의 여성들은 그녀의 성공을 부러워한다. 세상의 관심을 한 몸에 받았던 다이애나 왕세자비마저도 기자들에게 말하기를 자신이 미

Jacqueline Lee Bouvier Kennedy Onassis

혼일 때 재클린 케네디를 우상으로 여겼다고 했다.

사실 재클린은 왕자를 만나 인생이 180도 바뀐 신데렐라가 아니었다. 그녀는 부유한 가정에서 태어나 귀하게 자란 백설공주였다. '블랙 잭'이라는 별명으로 더 잘 알려진 그녀의 아버지는 뉴욕 증권거래소에서 입지를 굳힌 증권 브로커로, 인생을 즐기며 살고 있었다. 그는 밤마다 술과 음악에 빠져 살았고 흥청망청 돈을 썼다. 뉴욕 상류사회 사람들의 절반 이상이 그의 대저택에서 화려한 파티를 즐겼다. 언론조차 '어디에도 구속받지 않는, 비범한 매력을 지닌 남자'로 그를 평가했는데, 그가 검은 눈동자로 지긋이 바라보기만 해도 5분 내에 열 명 가운데 아홉 명의 여성이 그를 따라나섰다고 한다.

재클린의 할아버지 존 부비에 주니어John Vernou Bouvier Jr.가 자비를 들여 출판한《우리의 조상Our Forebears》에 따르면, 부비에 가문은 프랑스 귀족의 후예로 시대의 영웅이었으며 나폴레옹 전쟁에 참전한 사람도 있었다. 그의 증조부는 프랑스 독립전쟁에 자원병으로 참전하기도 했다. 그러나 미국의 한 역사학자는 이런 주장을 인정하지 않았다. 그리고 부비에 가문이 가족사를 위조해 신화를 만들어 냈다고 비난했다.

한편 재클린의 어머니 재닛 리는 뉴욕 연방준비은행 이사인 아버지 밑에서 부족함 없이 자랐다. 그녀 인생의 최대 목표는 고상한 귀부인으로 살아가는 것이었다. 재닛의 친구들은 그녀가 자존심이 강하고, 항상 완벽을 추구하며, 명예와 재산과 권력을 가장 중요하게 여겼다고 말했다. 이 세 가지를 손에 넣을 수 있다면 수단을 가리지 않고 세상을 속일 수 있었다. 도덕적인 판단은 관심 밖의 일이었다. 이렇게 고지식하고 실리를 중시하는 아가씨가, 외모와 재력을 뽐내며 가는 곳마다 무성한 화제와 염문을 뿌리는 플레이보이를 만나 결혼했으니 그 생활이 평탄할 리 없었다. 게다가 블랙 잭이 파산 지경에 이르는 불행이 닥치자 재닛은 이혼하고 뉴욕 부동산 재벌인 휴 오신클로스Hugh D Auchincloss와 재혼한다. 그를 선택한 이유는 오로지 재산 때문이었다. 오신클로스와 비교하면 블랙 잭은 너무도 보잘것없는 존재였다. 그동안 이들의 불안한 결혼생활을 지켜보던 친구들은 잘된 일이라며 이혼에 박수를 쳐주었다.

재클린의 미모는 아버지의 준수한 외모를 닮았고 인생관은 어머니로부터 영향을 받았다. 재클린이 어머니로부터 받은 가정교육의 핵심은 "시집을 가려거든 재력가에게 가라."였고, 그녀 역시 명예와 재산과 권력이라는 세 개의 황금사과를 차지하면 인생은 완벽해진다고 믿었다.

전형적인 호색한이었지만 매우 자상했던 아버지 덕분에 재클린은 어릴 때부터 승마를 배울 수 있었다. 다섯 살이 되던 해에는 어린이 승마대회에서 우승을 차지하기도 했다. 이것은 그녀의 미래에 대한 하나의 전조와 같은 사건이었다. 자신의 몸집보다 훨씬 큰 말을 조종하던 어린 소녀가 훗날 한 나라의 대통령과 세계적인 부호를 조종했으니 말이다.

Jacqueline Lee Bouvier Kennedy Onassis

중고등 학생 시절, 그녀는 졸업앨범에 자신의 꿈을 짧지만 단호하게 표현했다.

"나는 평범한 가정주부로 살지 않을 거야!"

이렇듯 다부진 성격의 그녀가 꼭두각시 같은 인생을 살 리 만무했다.

최고만을 선택한다

고전적인 미인으로 청순함과 우아한 기품을 지닌 재클린은 열여덟 살에 사교계에 입문해 '올해의 데뷔탕트debutante(사교계에 첫발을 내딛는 어린 숙녀)'라는 칭호를 얻었다. 대학교 3학년 때는 국제학생 교류프로그램SAP, Study Abroad Program을 통해 프랑스로 유학을 떠나 전 과목 A라는 우수한 성적을 얻었다. 그리고 〈보그〉지가 주최하는 파리 그랑프리 원고 공모에서 천여 명의 응모자 가운데 대상을 받기도 했다.

재클린은 신문기자가 되고 싶어 했지만 친구들에게조차 좀처럼 속마음을 열지 않았던 내성적인 성격이라 그녀가 여러 사람을 상대해야 하는 기자가 될 것이라고 생각한 사람은 많지 않았다. 하지만 의붓아버지인 오신클로스의 도움으로 스물두 살이 되던 해 〈워싱턴타임헤럴드〉에 입사할 수 있었다. 처음 맡은 일은 거리에서 만나는 시민들에게 재치 있는 질문을 던져 그들의 반응을 기록하고 사진을 찍은 뒤 기사로 정리하는 것이었다.

기자가 되기 전에 재클린은 미국으로 망명한 벨라루스 왕자 오보린스키와 교제한 적이 있었다. 예순이 넘은 남자와의 교제 사실을 알게 된 그녀의 아버지 블랙 잭은 노발대발했다. 그러나 이를 심각하게 여길 필요는 없었다. 그들의 만남은 잠깐 스쳐가는 바람에 지나지 않았다.

늙은 왕자에게 이별을 고한 재클린은 친구의 소개로 뉴욕 도미니크 은행의 간부 존 허스테드John Husted를 만나 약혼했다. 그러나 약혼자의 연봉이 1만 7000달러에 불과하다는 사실을 알고 충격을 받은 그녀는 미련 없이 그와 헤어졌다.

재클린이 기자가 되기를 원했던 이유는 상류층의 미혼남을 가능한 한 많이 만나면서 배필을 찾으려 했던 것이 아닐까? 그녀는 신문사에서 맡긴 인터뷰에도 열의를 보이지 않았다. 그녀가 쓴 기사는 다음과 같았다. '부자보다 가난한 사람이 더 행복한가?' '내일 죽음을 맞이한다면 최후의 만찬으로 어떤 음식을 주문할 것인가?' '당신은 누구의 영부인이 되고 싶은가?' '유명인 가운데 누구의 죽음에 가장 큰 충격을 받았나?'

재클린의 관심사는 고급호텔에서 열리는 만찬과 무도회 등에 참석해 유명인사, 재벌, 정부 고위관료들과 친분을 쌓고 상류사회에서 주목을 받는 일뿐이었다. 보기만 해도 빨려들 듯한 재클린의 검

부유한 가정에서 태어나 젊은 시절 사교계의 여왕에 오른 재클린

은 눈동자는 수많은 사람들의 마음을 흔들어놓았고, 그 가운데 찰스 바틀릿Charles Bartlett이라는 기자는 이미 철강회사 사장의 딸인 마샤와 결혼한 유부남이었지만 재클린에게 반하고 말았다. 이를 알게 된 마샤가 화를 억누르지 못하자 보다 못한 그녀의 아버지는 묘안 하나를 알려주었다. 재클린을 능력이 뛰어난 미혼남에게 소개해주라는 것. 만약 그가 남편의 친구라면 더욱 효과가 크다고 했다. 마샤는 곧장 그 대상을 물색하기 시작했고 드디어 적임자를 찾아냈다. 바로 매사추세츠 주 하원의원인 존 에프 케네디였다.

케네디는 재클린의 이상형에 부합되는 모든 기준을 뛰어넘는 사람이었다. 큰 키, 균형 잡힌 몸매, 짙은 갈색 머리카락, 강렬한 눈빛 등 준수한 외모를 지닌 케네디는 야성적인 매력까지 갖고 있었다. 게다가 집안의 재력도 탄탄했다. 성공한 사업가인데다 뛰어난 외교관으로 주영 미국대사를 역임했던 조지프 피 케네디는 자신의 아들을 미국 대통령 자리에 앉히고 싶어 했고, 그 역시 백악관의 주인이 되고자 하는 원대한 야망을 키우고 있었다.

비록 정계에서도 플레이보이로 소문이 자자한 그였지만, 재클린은 그의 능력과 가능성에 끌리고 말았다. 케네디와 결혼하면 재클린의 꿈은 현실이 될 수 있었다. 소원을 이룰 수만 있다면 파우스트를 유혹했던 악마가 찾아온들 조금도 두려워하지 않았을 여전사 재클린이 못할 것이 뭐가 있었겠는가?

케네디는 대학시절부터 독신주의자였고 아버지를 닮아 카사노

바 기질이 다분했다. 다양한 개성을 가진 여성들을 만났지만 풍만한 몸매로 성적 매력을 발산하는 여성을 좋아했던 그는 재클린에게 별다른 매력을 느끼지 못했다. 두 사람 사이에 첫눈에 서로 반하는 영화 같은 장면은 일어나지 않았다. 재클린은 독신을 고집하는 케네디의 마음을 움직이기 위해 대책을 세워야만 했다.

한 친구가 역사적인 사건과 문학 작품 속에서 재클린과 비슷한 성격을 가진 여성을 골라 각각의 인물에 대해 평가를 해보라고 재클린에게 말한 적이 있었다.

첫 번째 인물은 잔 다르크로, 재클린은 강한 의지와 용기를 가졌지만 결국 마녀라는 누명을 쓰고 화형을 당한 그녀를 좋아하지 않았다. 그 다음은 성경의 이브와 그리스 신화의 판도라였다. 경솔한 행동으로 행복을 놓친 이 두 여성 역시 재클린의 마음에 들지 않았다. 재클린이 좋아한 여성은 17~18세기 프랑스 귀족들의 살롱문화를 선도한 맹트농 부인Madame de Maintenon과 레카미에 부인Madame de Récamier이었다. 아름다운 외모와 비범한 재능을 겸비한 이 두 여성은 유럽 각국의 왕족과 귀족의 마음을 빼앗았을 뿐 아니라 위대한 현인과 철인에게 영감을 주어 프랑스를 한층 더 매력적인 국가로 만들었다.

케네디를 얻어라

재클린은 1953년 1월, 35세의 존 케네디가 최연소 하원의원이 되었을 때에야 본격적인 교제를 시작했다. 조지프 케네디는 아들의 정치적 앞날을 생각해 독신주의를 버리고 가정을 이루라고 충고했다.

"진짜 백악관의 주인이 될 생각이 있는 거냐? 네게 우리 케네디 가문의 미래가 달렸다는 사실을 잊지 마라. 미국 역사에서 독신 대통령은 없었다. 게다가 결혼이라는 방패를 갖게 되면 네 사생활에 트집을 잡으려는 언론의 공격을 피할 수 있을 게다."

아버지의 충고를 듣고 난 뒤 케네디의 마음은 변하기 시작했고, 케네디의 마음을 꿰뚫고 있던 재클린은 행동을 개시했다. 우선 자신이 맡고 있는 칼럼을 위해 인터뷰를 한다는 명목으로 다분히 개인적인 질문들을 던졌다. "자신의 생활에 만족하는 싱글이 굳이 결혼을 해야 하는 이유는 무엇인가?" "아일랜드 작가의 말에 따르면 아일랜드인(케네디는 아일랜드계다)은 사랑의 기술이 부족하다고 한다. 동의하는가?" 때로는 케네디의 사무실로 도시락을 가져와 나눠 먹으며 대화를 나눴다. 이 외에도 의정활동에 필요한 자료를 도서관에서 찾아 정리해주었고, 옷차림에 관심 없는 케네디를 세련되고 멋진 신사로 만들어 주었으며, 정치인들의 파티에 케네디의 파트너로 참석하는 등 연인이자 비서 역할까지 훌륭하게 해냈다. 케네디

의 마음 얻기, 이 목표를 이루기 위해 그녀는 어떤 희생도 마다하지 않고 케네디를 위해 일했으며 그의 취미마저 자신의 취미로 받아들였다. 그녀는 폭력이 난무하는 서부영화나 선혈이 낭자한 공포영화를 매우 싫어했지만 케네디의 마음을 얻기 위해 영화를 끝까지 보았고, 보는 내내 흥미진진한 표정까지 지어 보였다.

여성편력이 심한 남성이 과연 모범적인 남편이 될 수 있을까? 케네디와 결혼한다면 상처받을 것은 분명했다. 두 사람의 결합이 해피엔딩이 되리라 낙관하는 사람은 거의 없었다. 그러나 분명한 것은 정치적으로 성공가도를 달리고 있는 케네디의 아내가 된다면 세상에 자신의 이름을 떨칠 수 있다는 사실이었다. 케네디 역시 재클린이 세상에 둘도 없는 배우자임을 깨달았다. 그녀는 젊고 아름다운데다 교양이 넘쳤으며 연설문을 쓰는 실력도 뛰어났다. 게다가 그녀의 지적이면서도 친근한 이미지는 국민의 호감을 끌기에 충분했다. 야망으로 가득 찬 정치가에게 이상적인 결혼상대란 자신의 정치적 역량을 끌어올려 줄 사람이다. 그런 점에서 재클린은 모든 조건을 갖춘 완벽한 여성이었다.

그들의 관계는 태평양의 깎아지른 절벽 위에 세워진 오두막에 비유되기도 했다. 외부에서 불어오는 거센 폭풍을 견뎌내야 하고 내부에서는 거칠게 몰아치는 파도를 감수해야 하는 위태로운 관계. 그러나 이들에게 사랑은 중요한 문제가 아니었다. 두 사람은 각자 원하는 바를 얻기 위해 결혼이라는 끈으로 서로를 묶었다.

마침내 결혼식을 올리던 날, 재클린은 이 결혼이 결코 돌이킬 수 없는 정치 쇼가 되었음을 깨달았다. 가족들은 수많은 정치인과 신문기자의 기세에 밀려 상석을 내주고 구석진 곳으로 자리를 옮겨야 했다. 사업 실패로 실의에 빠져 있던 블랙 잭은 하객 명단에조차 오르지 못했다. 딸의 결혼식에 입을 고급양복을 준비해 놓고 카메라 앞에서 멋진 포즈를 취할 생각에 부풀었던 그는 이 일로 크게 상심했다.

　　결혼한 뒤 재클린을 더욱 놀라게 한 것은 케네디가 사람들이었다. 그들은 단합이 잘 되어 있었고 정치에 대해서라면 하나같이 대단한 열성을 보였다. 그들의 인생 최고 목표는 대통령을 배출하는 것이었다. 케네디가는 매우 부유했지만 겨울에도 난방을 거의 하지 않고 수영장에 보온시설도 갖추지 않을 만큼 검소했다. 하지만 선거운동에는 아낌없이 돈을 썼다. 반면 재클린은 화려한 생활을 즐긴 아버지의 영향으로 어려서부터 씀씀이가 컸고, 조지프 케네디는 똑똑한 며느리를 자랑스러워했지만 그녀가 지출한 수표를 결제할 때마다 화를 억눌러야만 했다.

　　결혼 후에도 케네디는 조금도 달라지지 않아 재클린과 시간을 보내기보다 정계 인사들과 지내기를 좋아했고 사람들의 시선을 즐겼다. 재클린은 단지 케네디를 정치적으로 포장해주는 껍데기일 뿐이었다. 사람들이 그녀를 칭찬해도 결국에는 훌륭한 신부를 얻은 케네디의 안목과 행운을 칭찬하고 부러워하는 것이었다.

Jacqueline Lee Bouvier Kennedy Onassis

재클린과 케네디,
가장 화려했지만 동
시에 가장 힘들었던
정략 결혼이었다.

케네디의 바람기를 반신반의했던 재클린은 결혼 후 그것이 사실임을 확실히 알게 되었다. 아버지로부터 물려받은 유전자 때문인지 그는 섹스 없이는 살지 못했다. 그는 여성과의 관계에서 밀고 당기는 탐색전을 싫어했고 단도직입적으로 밀어붙여 원하는 것을 얻었다. 때로는 여러 여자를 동시에 만나기도 했다. 이에 대해 평론가 트루먼 카포티Truman Capote는 이렇게 풍자했다.

"케네디가 남자들은 모두 똑같다. 그들은 소화전만 보면 오줌을 갈기는 개와 다를 바 없다."

뉴욕 〈월드 텔레그램〉의 사회부 기자 마리안느 스트롱Marianne Strong도 단언했다.

"케네디는 섹스와 관련된 수많은 사건에 연루되었다. 그 증거는 헤아릴 수 없이 많아서 만약 처벌을 한다면 천 번은 가능하다."

기자, 비서, 모델, 대학생, 웨이트리스, 스튜어디스, 영화배우, 콜걸, 스트립 댄서 등 케네디가 만난 여성들은 다양했다. 재클린은 큰 상처를 입었고 화도 났지만 곧 생각을 바꿔서 현실을 외면하는 방법을 선택했다. 그녀는 자신의 이런 태도에 대해 친구들에게 이렇게 설명했다.

"아내에게 완벽하게 충실한 남자는 세상에 없다고 생각해. 남자들은 선과 악이 결합된 존재야." "행복한 결혼생활은 아내에게 달렸어. 남편이 마땅히 할 일을 즐기면서 훌륭하게 해내도록 만든다면 아내의 행복도 자연히 따라오거든."

하지만 조지프 케네디는 재클린이 성에 집착하는 남자의 행동에 익숙한 까닭이 그녀의 할아버지와 아버지, 계부 모두가 색욕에 빠진 사람들이었기 때문이라고 말한 적이 있다. 그의 말을 증명하는 일화가 있다. 블랙 잭이 죽었을 때 재클린은 가장 멋지게 나온 사진으로 아버지의 영정사진을 만들기 원했다. 그녀는 아버지의 정부들을 일일이 찾아가 함께 앨범을 보며 지난 일들을 얘기했다고 한다. 보통사람이라면 상상하기도 어려운 일이다.

그녀가 남편의 외도를 눈감아준 것은 자존심을 지키기 위한 것일 수도 있다. 그러나 이런 태도는 오히려 남성들의 찬사를 받았다. 특히 조지프 케네디는 재클린의 대범함과 고도의 감정조절 능력을 높이 평가했고 그녀 덕분에 아들의 앞길에 불미스런 일이 일어나지 않을 것이라 안심했다.

재클린은 최고의 배우자가 되기 위해 음식과 칵테일 만드는 법을 배웠고 〈콩그레셔널 레코드The Congressional Record〉 등의 무미건조한 정치 간행물을 읽었다. 조용하고 수줍은 성격을 바꾸기 위해 남편을 따라 각종 정치 모임에 참석해서 특유의 매력으로 사람들과 어울리기도 했다. 이런 노력 덕분에 케네디의 정치적 친화력마저 덩달아 높아졌다. 이 밖에도 그녀는 남편의 정치활동을 돕기 위해 카드게임과 골프를 배웠고, 케네디를 대신해서 중요한 편지에 답장을 쓰는 등 남편의 비서로서 재능과 매력을 발휘했다. 그녀의 친절하고 자상한 필치는 전임 대통령인 아이젠하워와 하원의 다수파 당수인 린든 존슨의 호감을 얻었다. 그녀의 글솜씨는 남편이 책을 저술할 때에도 빛을 발했다.《용기 있는 사람들Profiles in Courage》이라는 제목의 이 책은 1957년에 퓰리처상을 수상했다.

통이 컸던 재클린은 아버지의 유산 8만 달러로 흰색 고급 스포츠카를 사서 남편에게 크리스마스 선물로 줬다. 그녀는 마치 강력한 펌프로 산소를 공급하 듯 자신의 능력을 최대한 발휘해 남편의 출세를 도왔다. 이런 내조 덕분에 케네디는 정치라는 고원지대에서도 산소 부족을 걱정할 필요가 없었다.

내조를 위해 성격마저 바꾸려고 애쓴 재클린과는 달리 케네디의 바람기는 그칠 줄 몰랐다. 아내가 출산을 앞두고 있을 때 그는 이탈리아 해변에서 여러 명의 미인들과 휴가를 즐겼고, 첫 아이가 사산되었을 때도 그는 아내 곁에 없었다. 재클린은 몹시 상심했지만 결코 남편을 비난하지 않았다. 물론 인내심이 한계에 다다를 때면 감정을 폭발시키기도 했다. 그녀는 허리띠에 박쥐 모양을 수놓고 "당신의 머릿속에는 박쥐 한 마리만 있을 뿐이다."라는 구절을 넣어 고집스럽고 보수적인 시어머니 로즈를 비꼬았다. 시동생 피터에게는 "널 밟고 이 집을 나가겠어! 케네디가 사람들은 모두 자기 가족만 감쌀 줄 알지 누구 한 사람 내 행복에 관심이나 가진 적 있어!"라며 고래고래 소리를 지르기도 했다. 그러나 이런 식의 감정 폭발은 한순간에 지나지 않았다. 소란을 피우고 자살 위협을 하는 것은 천박하고 교양 없는 행동임을 누구보다도 잘 알고 있었기 때문이다.

Jacqueline Lee Bouvier Kennedy Onassis

존 케네디의 장례식. 남편을 잃은 슬픔은 면사포로도 가릴 수 없었다.

대통령 선거가 임박하자 비로소 케네디는 재클린의 소중함을 깨달았다. 그녀는 정치인의 아내로서 자신의 역할이 무엇인지 정확히 파악하고 있었다. 입을 열어야 할 때와 침묵을 지킬 때를 분명히 알고 처신했으며 침착한 태도를 일관하면서도 대범한 모습을 보여주기도 했다. 유권자들은 이런 그녀에게 호감을 가졌다. 재클린은 세련된 영어를 구사했을 뿐만 아니라 프랑스어, 스페인어, 이탈리아어까지 자유롭게 구사해 미국 이민사회로부터 광범위한 지지를 이끌어냈다. 또한 그녀는 인사를 나누고 자신을 소개하는 짧은 순간에 상대방을 신뢰할 수 있는지 구별해낼 수 있었다. 예리한 판단력을 가진 아내 덕분에 케네디는 여러 차례 화를 면할 수 있었다.

그러나 사람이 아무리 자신을 억제한다 해도 본성은 바꿀 수는 없다. 그녀는 틈날 때마다 정치인의 아내라는 답답한 가면을 벗어던지고 자신만의 시간을 즐겼다. 회의장 밖에 세워놓은 자동차 안에서 패션 잡지나 샤를 드골의 회고록을 읽었고 때로는 조지타운 강변을 홀로 거닐었다.

정치에 열성적인 케네디가 사람들답게 시누이들마저 여성단체를 조직해 선거 캠페인에 등장했다. 그녀들은 아리따운 용모를 한껏 뽐내며 유권자들의 눈길을 사로잡고 환심을 샀다. 언젠가 조지프 케네디는 케네디의 정치적 열성에 대해 이런 말을 한 적이 있다.

"우리가 잭(존 케네디의 별명)을 대통령 자리에 앉히려는 것은 예

Jacqueline Lee Bouvier Kennedy Onassis

전에 농장에서 수확한 밀을 내다팔았던 것과 다르지 않다."

그에게 대통령 선거는 가장 수지맞는 사업이었던 것이다. 대통령 선거 열기가 정점에 이르렀을 때도 존에프 케네디는 자신의 취미생활에 소홀하지 않았다. 후보자 토론회가 열리기 전날 밤에도 그는 보좌관에게 다음 날 만날 아가씨에 대해 물었다. 그는 정부 파밀라를 재클린의 개인비서로 고용했고 아내의 친구 마리 메이어와 부적절한 관계를 가졌다. 재클린은 큰 일을 생각하며 모두 눈감아 주었다.

마침내 백악관 입성에 성공한 뒤에도 케네디는 '권력은 신비로운 춘약春藥'이라는 말을 여실히 증명했다. 특히 케네디와 동생인 바비(법무부 장관 로버트 케네디), 마릴린 먼로의 삼각관계 스캔들은 너무나 유명하다. 마릴린 먼로가 전화를 걸어 영부인 자리를 차지하겠다고 큰소리를 치자 재클린은 화를 내기는커녕 코웃음을 치며 언제 백악관으로 짐을 보내겠냐고 물었다고 한다. 그녀는 언제든 쉽게 풀어지는 남편의 헐거운 허리띠가 아니라 미국 국민의 정신적인 품위를 높이는 데 마음을 썼다. 더욱 받아들이기 힘든 사실은, 케네디가 백악관의 경비에게까지 성매매를 알선하도록 요구했다는 것이다. 그는 콜걸 레슬리와 한때 링컨이 사용했던 침실에서 광란의 섹스를 즐기기도 했다. 케네디의 조언자였던 소렌슨Sorenson은 특유의 유머감각을 발휘해 당시의 정계를 이렇게 평했다.

"지난 정부는 골프를 위해 일하더니(아이젠하워 대통령은 골프를 매우 좋아했다) 현 정부는 섹스를 위해 일한다."

이로부터 수십 년 뒤 백악관 인턴사원과 부적절한 관계를 가져서 큰 물의를 일으켰던 클린턴은 케네디에 비할 바가 못된다.

케네디가 대통령에 취임한 초기, 재클린은 영부인 역할에 대해 여러 명의 조언을 들었다. 윌리엄 하워드 태프트William Howard Taft,(미국 27대 대통령) 부인의 근면함, 프랭클린 델러노 루즈벨트Franklin Delano Roosevelt(미국 32대 대통령) 부인의 개방적인 자세, 해리 트루먼Harry Truman(미국 33대 대통령) 부인의 소박함 등은 모두 배우고 본받을만한 덕목들이었다. 그러나 재클린은 조언을 무시하고 독자적인 모델을 만들기로 결심했다. 그녀는 서른한 살의 나이로 백악관의 최연소 여주인으로 미국 역사상 처음으로 공식 장소에서 보석 장신구를 착용했으며, 처음으로 모피 코트와 미니스커트를 입었다. 재클린은 그녀만의 젊은 분위기로 미국에 활력을 불어넣었으며 패션 트렌드를 선도했다. 그녀가 선호하는 스타일은 국민의 스타일이 되었고, 그녀가 싫어하는 것은 국민들마저 싫어하기에 이르렀다. 그녀는 전통을 바꾸고 혁신을 일으켰으며 미국인에게 아름다움에 대한 새로운 관점과 인식을 소개했다. 표범가죽 코트를 입은 그녀의 사진이 〈라이프〉의 표지를 장식한 적이 있었다. 이로 인해 표범가죽 코트가 대유행해서 3000 달러였던 가격이 열 배나 올랐고 미국의 야생표범이 멸종위기에 처하고 마는 일까지 일어났다.

영부인이 된 재클린이 처음 시작한 일은 백악관을 프랑스식으로

Jacqueline Lee Bouvier Kennedy Onassis

개조하는 일이었다. 미국 대통령 관저라는 협소한 이미지에서 벗어나 미국의 문화, 예술, 정치를 대표하는 세계의 전당으로 변신시키고자 했다. 가장 중요한 일은 소장할 예술품을 구하고 정리하는 것이었다. 그녀는 국립박물관과 개인 소장가들에게서 명화를 빌려왔고 지하실과 창고에서 역대 대통령들의 유품을 꺼내 다시금 세상의 빛을 보게 했다. 미국 역사에 길이 남을 옛 물품들을 백악관으로 반환하는 운동도 주도했다. 이 운동으로 백악관은 진귀한 그림과 역사적 가치를 지닌 가구들(워싱턴의 책상, 링컨 부인의 의자 등)을 다수 소장하게 되었다. 한 번 들어가면 좀처럼 나오지 않는다는 수집가들의 손에서 백악관과 관련된 예술품을 되돌려 받기란 결코 쉬운 일이 아니었다. 그러나 재클린에게는 수완이 있었다. 그녀는 필라델피아의 수집가 월터 애넌버그(Walter Annenberg)가 벤저민의 초상화를 소장하고 있다는 사실을 알고 곧바로 그를 찾아갔다. 그녀는 낮은 자세로 예술품 반환을 구걸하지 않았다. 그것은 그녀의 성격뿐만 아니라 영부인으로서의 신분과도 맞지 않았다. 그녀는 당당하게 말했다.

"벤저민 프랭클린이 생전에 필라델피아의 대표 시민이었던 것처럼 당신 역시 필라델피아의 대표 시민입니다. 백악관에 벤저민 프랭클린의 초상화가 필요합니다. 대표 시민이 또 다른 대표 시민의 초상화를 백악관에 흔쾌히 기증한다면 무척 의미 있는 일이 아닐까요?"

그녀는 상대방을 치켜세움으로써 차마 거절하지 못하게 만들었
고, 결국 25만 달러 가치의 초상화를 받아냈다.

재클린은 리모델링 작업에 필요한 경비를 조달하기 위해 또 다
른 일을 시작했다. 백악관 안내책자를 발행해 방문객들에게 판매
했고 그 수익금으로 경비를 충당하여 국민의 세금 부담을 덜었다.
백악관 도서관을 확장하고 국립문화센터를 건립하는 일에도 능력
을 발휘했다. 그녀는 인맥을 동원해 경제적뿐 아니라 다양한 지원
을 받아냈다.

재클린은 역대 영부인들과는 달리 백악관의 로즈가든에 수많은
문화예술계 인사들을 초대했다. 그녀가 주관하는 파티에는 정계의
유명인사들 외에도 화가, 음악가, 무용가, 문학가, 영화배우 등이 모
두 모였다. 새 영부인은 백악관을 미국에서 가장 주목받고 에너지
가 넘치는 곳으로 탈바꿈시켰다.

하지만 그녀는 케네디의 외도에 대해서만큼은 철저하게 무시했
고 때로는 그 사실을 너무나 태연하게 이야기했다. 한번은 이탈리
아 기자와의 인터뷰 중 남편에 대해 이야기하다 갑자기 몸을 일으
키더니 백악관 사무실 문을 열었다. 그러자 매력적인 두 여자의 모
습이 나타났는데, 재클린은 그들을 가리키며 말했다.

"이 사람들이 바로 내 남편의 총애를 받고 있는 정부들입니다."

그렇다고 재클린이 아무런 분노나 굴욕을 느끼지 않았을까? 억
누른 감정을 쏟아낼 그녀만의 방법은 바로 쇼핑이었다. 그녀는 주

Jacqueline Lee Bouvier Kennedy Onassis

로 명품 의류와 보석을 구매했고 예술품에도 많은 투자를 했다. 케네디가에 산더미처럼 쌓인 것이 돈이므로 아껴 쓸 이유가 없었다. 존 케네디도 그녀의 무절제한 소비에 대해 알고 있었다. 그는 때때로 "세상에, 이 사람이 우리 집안을 거덜낼 작정이구만!"이라며 불평을 터뜨리곤 했다. 하지만 아무리 돈을 물 쓰듯 해도 케네디가의 재산에는 아무 영향을 미치지 않았다.

그런 그녀를 다룬 영화가 오히려 케네디를 다룬 영화보다 훨씬 많았다. 케네디보다 재클린의 인기가 더 높았기 때문이다. 프랑스를 방문했을 때 수많은 기자가 재클린에게 열렬한 관심을 보이자 케네디는 자신을 가리켜 '재클린을 따라 파리에 온 남자'라고 소개했다. 이 재치 있는 농담은 기자회견장을 웃음바다로 만들었고 이 일화는 다음날 유럽 전역에 퍼졌다. 훌륭한 여자들을 많이 만나본 샤를 드골 대통령조차 재클린을 처음 본 순간 기쁜 나머지 아이처럼 흥분을 감추지 못했다.

"그녀는 너무나 아름다워서 보는 사람의 기분까지 환하게 밝혀준다. 특히 머리카락과 눈동자는 너무나 매혹적이다!"

그는 재클린이 프랑스 문학에 조예가 깊은 데 다시 한 번 탄복했다.

외국 순방 중에 일어났던 가장 재미있는 일화는 구소련의 공산당 주석 흐루시초프Nikita Sergeyevich Khrushchev와 회담을 가졌을 때의 일이다. 흐루시초프와 케네디는 오스트리아 빈에서 '쿠바사태'에 대해 논의했는데, 어느 기자가 양국 정상에게 사진촬영을 위해 포즈를 취해달라고 부탁했다. 흐루시초프는 이렇게 대답했다.

"나는 차라리 그의 부인과 함께 사진을 찍겠소."

그의 대답에 회담장은 웃음소리로 가득 찼다. 드골과 흐루시초프 모두 재클린의 재능과 리더십을 칭송했다. 당시 인도네시아 대통령 수카르노Sukarno는 재클린에 대한 관심을 노골적으로 드러내며 그녀에게 단독으로 인도네시아를 방문해줄 것을 요청하기도 했다.

재클린의 능력을 새삼 확인한 케네디는 그녀를 정치 참모이자 동지로 새롭게 여겼다. 그는 재클린의 판단력을 믿고 그녀를 남아시아, 그리스와 이탈리아로 보내기도 했는데, 휴가 혹은 문화교류가 명목상 이유였으나 사실은 정보수집이 목적이었다. 아무도 경계하지 않는 가운데 그녀는 예리한 통찰력을 발휘해 미국 정부에 도움이 되는 중요한 정보들을 수집했다.

그러나 불행은 조금씩 다가오고 있었다. 1963년 11월 하순, 케네디 부부는 민주당 내부의 분쟁을 조정하기 위해 텍사스 주를 방문했고, 댈러스 시내에는 총성이 울려 퍼졌다. 순간, 케네디의 미소는 굳어버렸으며 재클린은 오열을 터뜨렸다.

"오 하느님! 저들이 무슨 짓을 한 건가요? 오 하느님, 저들이 잭을 죽였어요, 내 남편을 죽였다고요! 잭… 잭!" 심장이 터질 듯 외치는 그녀의 울부짖음은 군중의 고함 속에 묻혀버렸지만, 역사 속에는 생생하게 남아 있다. 그 1분 동안 케네디가의 운명은 곤두박

Jacqueline Lee Bouvier Kennedy Onassis

질쳤고 하늘 높이 쌓아올렸던 권력은 무너졌다. 비보를 전해들은 조지프 케네디는 깊은 슬픔으로 신음했다. 그러나 사태를 수습해야 했던 재클린은 그저 슬퍼할 수만은 없었다. 온기가 채 식지 않은 남편의 시신을 두고 그녀는 새 대통령(미국 헌법에 따라 부통령 린든 존슨이 대통령직을 물려받았다.)의 취임식에 참석해야 했다. 존슨 부인은 피 묻은 옷을 새로 갈아입을 것을 권했지만 그녀는 단호히 거절했다.

"나는 절대로 갈아입지 않을 겁니다. 지금 내 모습을 미국과 전 세계에 보여줘서 저 악독하고 파렴치한 인간들이 잭에게 무슨 짓을 저질렀는지 알릴 겁니다. 이 피는 대통령의 피이며, 나는 이것을 결코 없애지 않을 겁니다. 그것이 나의 용기이자 나의 명예입니다!"

그녀의 용기와 강인한 의지는 텔레비전을 통해 전국에 보도되었다. 수많은 미국인이 안타깝게 목숨을 잃은 케네디 대통령과 그의 죽음을 지켜봐야 했던 재클린을 위해 눈물을 흘렸다. 이 일은 미국인이 신봉하는 자유와 민주에 대한 신념이 무참히 짓밟힌 국가적인 비극이었다. 그리고 이때 세상에서 가장 가슴 아픈 사람은 그녀였다. 장례식에서 케네디의 관에 결혼반지를 던져 넣음으로써 영부인으로서의 삶도 끝이 났다.

재클린은 케네디가 영예롭게 세상과 작별할 수 있도록 마지막까지 최선을 다했다. 장례식이 열리던 날만큼은 존 케네디는 영웅이었고 미국의 대통령으로서 링컨, 루즈벨트와 같은 반열에 오를 수 있었다. 존슨 대통령은 재클린의 요청에 따라 플로리다 주 우주센터를 '케네디 우주센터John F. Kennedy Space Center'로, 워싱턴의 국립문화센터를 '케네디 센터Kennedy Center'로 개명했다. 그녀는 남편의 이름을 기념하는 방식으로 그에게 최고의 영예를 선사했으며, 그의 묘지 앞에는 결코 꺼지지 않는 횃불을 밝혔다.

오나시스를 얻어라

하룻밤 사이에 미망인이 된 재클린의 신분은 산 정상에서 깊은 골짜기로 추락한 것이나 다름없었다. 그러나 그녀는 깊은 슬픔과 함께 해방감을 느끼기도 했다. 11년간 재클린은 자신을 억누른 채 살았고, 피의 대가를 치른 뒤에야 자유를 되찾았다. 케네디가 사람들로부터 받은 마음의 상처, 기자들과의 대립 역시 끝이었다.

추악한 정치판과는 되도록 멀리 떨어져 자유롭게 살고 싶었던 그녀는 아들 존 주니어John Fitzgerald Kennedy Jr.와 딸 캐롤라인Caroline Bouvier Kennedy과 함께 외국에서 새로운 삶을 살기 위해 준비하고 있었다. 그때 청혼을 해온 사람이 바로 아리스토텔레스 오나시스Aristotle Onassis였다. 그는 그리스의 선박 왕, 세계 최고의 부호였다.

재클린은 미국 대통령의 미망인은 재혼하지 않는다는 전통을 깨뜨렸다. 케네디와 결혼했을 때와 달리 세인들은 그녀의 선택에 몹

Jacqueline Lee Bouvier Kennedy Onassis

시 놀랐다. 볼품없는 외모, 저속한 언행, 낮은 문화적 소양, 야만적인 기질, 극도로 문란한 사생활……. 상류사회 사람들은 오나시스를 그리스 신화에 나오는 아우게이아스Augeas(수천 마리의 소를 길렀지만 축사를 30년간 한 번도 청소하지 않아 소똥이 산더미같이 쌓여 있었다고 한다.)처럼 악취가 진동하는 쓰레기로 보았다. 아마도 그들은 늙고 못생긴 영감이 그 주름지고 더러운 손을 뻗어 '왕관 위의 보석'을 차지했다고 비난을 퍼부었을 것이다. 더 심한 말을 했을지도 모른다.

이런 사람과의 결혼은 그동안 쌓아온 고귀한 이미지를 깨뜨리는 것과 같았다. '영웅의 여인' '백옥처럼 흠 없는 여왕' '살아있는 성인' 등의 명예가 순식간에 빛을 잃은 것이다. 사람들은 결혼 상대를 선택하는 그녀의 기준이 예전에는 권력이었고 이제는 재력이라고 생각했다. 언론들은 공격적인 제목을 달고 그녀의 재혼을 대서특필했다.

미국의 〈뉴욕타임스〉는 '충격과 실망'이라는 제목을 붙였다.

독일의 〈빌트Bild〉는 '미국, 성인을 잃다'라는 제목 아래 '전 세계가 분노하다'라는 부제를 달았으며, 로마의 〈일메사가에로Il Messaggero〉의 기사 제목은 '존 케네디, 두 번 죽다'였다.

프랑스의 〈르몽드〉는 재클린이 오나시스와 재혼하는 것은 개인적인 비극이자 미국의 비극이라고 논평하면서 다음과 같이 썼다. "오나시스는 평화로운 세계를 건설하려는 이상주의자 케네디와는 완전히 다르다." "케네디의 명성을 높이는 데 큰 역할을 했던 백설 공주는 오나시스의 두 번째 부인이 되면서 사람들의 기억 속에서 사라지게 되었다."

바티칸의 〈로세르바토레 로마노L'Osservatore Romano〉는 재클린의 재혼을 정신적 타락이라고 비난하면서 그녀를 공공의 죄인으로 매도했다.

한 폴란드 작가는 우아하고 지혜로운 재클린에게 어울리는 상대는 안드레이 말로 같은 프랑스 작가나 정치가이지 돈밖에 모르는 늙은이가 아니라고 개탄했다.

가장 지독한 비난은 오나시스의 두 자녀 입에서 나왔다. 이들은 재클린을 '미국 창녀'라고 부를 만큼 싫어했다.

오래전부터 자신의 사생활에 끼어들고 간섭하는 기자들에게 단련되어 온 그녀는 언론의 혹독한 비난에 놀라지 않았다. 애완견에게 무엇을 먹이냐는 어느 기자의 질문에 그녀는 "당신 기자지?"라는 조롱으로 답한 적도 있었다.

재클린은 안정적이고 행복한 생활을 원했다. 그러나 이미 죽음의 신이 드리워진 케네디가에서는 이 두 가지를 얻을 수 없었다. 미국의 정계나 언론계 혹은 안드레이 말로 같은 프랑스 작가나 정치가로부터도 얻을 수 없었다. 오직 오나시스에게서만 얻을 수 있었다. 돈은 곧 권력인 만큼 오나시스는 케네디와 어깨를 나란히 할 수 있었다. 뒤됨이에 관해서라면, 난봉꾼 케네디와 다를 바도 없었다.

그리스 선박왕 오나시스는 꿈에 그리던 재클린을 신부로 맞이했다.

지금까지 누려온 호화로운 생활을 유지하고 두 아이를 키우기 위해서도 재클린은 경제적으로 풍족해야 최고의 자유를 누릴 수 있다고 생각했다. 오나시스와 결혼하면 산더미처럼 쌓인 보석이 모두 그녀의 것이 되고, 달이라도 따달라고 하면 그렇게 해줄 사람은 오나시스뿐 이었다. 두 사람의 결혼은 일종의 거래였기 때문에 오나시스의 나이는 아무런 장애가 되지 않았다. 오나시스가 자신과 결혼하려고 하는 이유에 대해서도 그녀는 잘 알고 있었다. 미국의 전 영부인과 결혼해서 전 세계에 자신의 이름을 알리려는 허영심 때문이었다. 손해볼 것 없는 거래이기도 했다. 그의 심리를 꿰뚫어 본 어느 기자는 이렇게 지적했다.

"돈이 도덕보다 뛰어난 능력을 갖고 있다고 믿었던 오나시스는 한때 영국 엘리자베스 여왕과의 결혼을 상상하기도 했다. 물론 그것은 꿈에 불과했지만 대신 차선책을 선택했고 그 상대가 바로 재클린이다."

오나시스의 저속함은 상상을 초월했다. 그는 파파라치를 고용해서 재클린이 요트에서 나체로 일광욕하는 모습을 몰래 찍게 했다. 그 사진을 유럽과 미국의 도색잡지에 팔아넘겨서 아내를 난처한 상황에 몰아넣었다. 이 사실을 알게 된 재클린은 고급 구두를 한 번에 200켤레나 사는 등 거액의 쇼핑으로 보복했다. 세계 제일의 갑부인 오나시스조차 청구서를 보고 놀라서 할 말을 잃을 정도였다.

얼마 후 오나시스의 외동아들인 알렉산더Alexander Onassis가 비행

기 사고로 목숨을 잃는 비극이 일어났다. 오나시스의 두 딸은 '재클린이 불운을 가져와서 생긴 일'이라며 저주했다. 그로부터 얼마 지나지 않아 오나시스마저 심장질환으로 세상을 떠났다. 아무리 많은 재산이 있어도 죽음을 피할 수는 없는 것이다. 뼈에 사무치도록 재클린을 증오한 오나시스의 딸 크리스티나[Christina Onassis]는 2600만 달러라는 거금을 주고 그녀와 가족의 인연을 정리했다.

자신의 매력으로 세상을 정복한 여자

다시 인생의 갈림길에 선 재클린. 그녀와 절친한 사이인 〈뉴욕포스트〉 발행인 도로시 시프[Dorothy Schiff]는 뉴욕 주 하원의원 선거에 나갈 것을 권했다. 하지만 오래전부터 정치에 환멸을 느꼈던 그녀는 일주일에 사흘만 일한다면 생각해 보겠다며 완곡히 거절했고, 출판계에서 새로운 인생을 출발했다. 《러시아의 매력》 마이클 잭슨 자서전 《문워크[Moonwalk]》 등이 그녀가 발행한 책이다. 어떤 분야에서든 경험이 없을지라도 원하기만 하면 충분히 성공할 수 있음을 세상을 향해 증명한 셈이다.

재클린은 더 이상 권력과 부에 연연하지 않았다. 물질적인 조건을 내세우며 많은 남성들이 앞 다퉈 다가왔지만 그때마다 그들을 멀리하고 만년에는 비슷한 연배의 모리스 템플스만[Maurice Tempelsman]

과 함께 보냈다. 템플스만은 그녀의 재정고문이었는데, 독서와 여행을 좋아하고 오페라와 회화에 대한 열정이 남달랐다. 서로를 받아들이고 아꼈던 두 사람의 모습은 황혼 무렵 배들이 나란히 정박해 있는 항구를 연상시켰다.

재클린은 열정적이고 자유로운 인생을 살다 65세를 일기로 세상을 떠났다. 그녀는 정치권력과 재력의 정상에 두 차례 올랐고 세상이 어떻게 평가하든 소신대로 자신을 위해 살았다. '마음이 원하는 바를 따르되 도리를 벗어나지 않는 것'이 인생을 살아가는 최고의 경지라는 공자의 말처럼, 재클린은 마음이 원하는 대로 살았으며 세인들이 정한 도덕과 규범을 초월해 살았다. 그녀는 우리의 의지에 따라 인생의 경계는 훨씬 넓어질 수 있음을 보여주었다.

케네디 대통령은 권력으로, 오나시스는 재력으로 재클린을 정복한 것 같지만 사실 그녀는 자신의 매력으로 세계인의 마음을 정복한 여성이었다.

Jacqueline Lee Bouvier Kennedy Onassis

철의 여인

마
거
릿 대
처

1925년 10월 13일~

국적 영국

부친 알프레드 로버츠(Alfred Roberts, 사업가, 공무원)

남편 데니스 대처(Denis Thatcher)

자녀 1남 1녀

직업 화학자, 변호사, 정치인

별명 철의 여인

이상 무너져가는 대영제국을 수렁에서 건져내어 예전의 영광을 회복하겠다.

MARGARET HILDA THATCHER

잡화상의 딸

'철의 여인' 하면 떠오르는 사람은 오직 하나, 바로 마거릿 대처다. 1979년부터 1990년까지 11년간 세 번의 연임으로 영국 총리직을 수행하면서 몰락한 대영제국을 다시 일으켜 세운 대처는 실로 위대했다. 그녀는 탁월한 정치적 감각과 수완으로 국제무대를 종횡무진하면서 정치적인 연합과 분열을 주도했고, 영국이 절체절명의 위기를 맞을 때마다 이것을 기회로 바꾸었다. 그녀의 강경정책은 '대처리즘' 혹은 '대처 혁명'이라 불렸다. 그녀는 남자가 할 수 있는 일이라면 여자도 할 수 있고, 남자가 잘할 수 있으면 여자는 더 잘할 수 있다는 사실을 전 세계에 증명했다.

영국 정치계에 깊은 뿌리를 가진 세력조차 대처의 야망을 무너뜨리지 못한 채 그녀 손에 의해 창조되는 새로운 역사의 현장을 그저 지켜볼 수밖에 없었다. 영국 정치를 독점해왔던 오만하고 고귀

Margaret Hilda Thatcher

대처 여사(왼쪽, 4세)와 언니

한 신사들은 아무 말도 못하고 '암탉이 새벽을 알리는' 상황을 받아들여야만 했다. 그들이 '잡화상의 딸'이라고 조롱했던 마거릿 대처가 최고 권력자가 되어 쓰러져가는 나라를 일으켜 세웠던 것이다.

대체 그녀의 의지는 얼마나 강했던 것일까? 철의 여인은 어떻게 만들어졌기에 결코 휘어지지 않았을까? 결단의 순간마다 그녀는 결코 주저하거나 망설이지 않았고 한 치의 양보나 타협도 없었다. 바로 옆에 폭탄이 떨어져도, 악마의 웃음소리가 문 밖에 울려 퍼져도 말이다.

마거릿 힐다 로버츠Margaret Hilda Roberts는 1925년 10월 13일, 영국 잉글랜드 동부의 링컨셔 주 그랜덤 시에서 태어났다. 작고 외딴 이 마을은 매우 유서 깊은 곳으로, 잉글랜드 왕 에드워드 4세가 세운 문법학교가 있었다. 뉴턴이 이 학교 출신이다.

마거릿의 어머니는 철도경찰의 딸로 뛰어난 재봉사였다. 아버지 알프레드 로버츠는 조그만 잡화상을 경영했다. 성실하고 근면한 그는 사업에 대해 야망을 품었지만 정치에도 관심이 많았다. 소상공인의 대표로서 그는 25년간 시의원으로 일했고 그 후 시의회 재정위원장과 시장 등 고위직을 맡았다.

마거릿은 모범적인 아버지를 존경했다.

"아버지는 먼저 신께 기도한 뒤 기도한 바를 실천에 옮기도록 가르치셨다. 그리고 중요한 문제를 해결할 때 결코 타협하거나 양보하지 말 것을 가르치셨다."

Margaret Hilda Thatcher

마거릿의 아버지는 그녀를 정치인으로 키운 첫 번째 스승이었다. 딸에게 엘리트가 될 수 있는 최고의 교육을 받게 한 알프레드 로버츠는 비싼 학비를 감당하면서 마거릿을 그 지역 귀족학교에 보냈다. 마거릿은 대단히 신중하고 조용한 성격의 소녀였지만 필드하키 경기장에서만큼은 마치 다른 사람처럼 보였다. 웅변을 좋아해 학교 토론 클럽의 핵심 멤버이기도 했던 그녀는 토론회에서 늘 자신감이 넘쳤고 다른 학생들을 깜짝 놀라게 하는 의견을 제시하거나 황당한 질문을 던져 상대방을 난처하게 만들곤 했다. 물론 조목조목 이치를 따지며 결코 양보하는 법이 없이 다른 사람들을 불쾌하게 만드는 일도 종종 있었다.

1943년은 그녀가 옥스퍼드대학교에 입학한 해로 마거릿의 인생에서 가장 중요하면서도 가장 큰 행운이 찾아온 시기라 말할 수 있다. 12세기에 고고학 분야에서 '영국의 아테네'라는 영광스러운 이름을 얻은 이 학교는 700년간 각 분야의 수없이 많은 엘리트를 배출해 권력의 요람으로 자리매김해왔다. 40명의 영국 총리 가운데 이 학교 출신은 무려 29명, 외국 정계인사 역시 부지기수다. 인도 총리 인디라 간디Indira Priyadarshini Gandhi, 스리랑카 여성 총리 시리마보 반다라나이케Sirimavo Ratwatte Dias Bandaranaike, 파키스탄 총리 줄피카르 알리 부토Zulfikar Ali Bhutto와 그의 딸 베나지르 부토Benazir Bhutto, 미국 대통령 빌 클린턴 등이 모두 이 학교 출신이다.

마거릿이 옥스퍼드를 목표로 삼았다는 것은 그녀가 일찍부터 정치에 대한 포부를 키워왔음을 말해주는 게 아닐까? 이에 대해서는 섣불리 단정하기 어렵지만, 확실한 것은 그녀에게 원대한 꿈이 있었다는 사실이다.

그녀는 좋아하는 법률 대신 화학을 전공으로 선택했다. 정치가들에게 가장 유용한 무기는 법률인데 왜 화학을 선택했을까? 답은 스승 도로시 호지킨Dorothy Hodgkin의 설명에서 찾을 수 있다.

"화학은 문제를 해결하는 다양한 방법을 찾도록 도와주고, 흩어진 여러 조각을 맞춰서 전체 모습을 찾아보게 해주며, 이미 얻은 결론을 통해 새로운 문제 해결 방법을 알려준다."

결정학을 전공한 호지킨은 훗날 노벨 생물화학상을 수상해 영국 최초로 노벨상을 수상한 여성과학자가 되었다. 그러나 이처럼 최고의 권위를 자랑하는 스승의 문하에서 공부했는데도 마거릿은 화학연구에 인생을 바칠 생각이 없었다. 대학 4년 동안 그녀는 정치 활동에 열정을 쏟으며 옥스퍼드 대학교 보수당 협회Oxford University Conservative Association에서 활발하게 활동했다. 3학년 때는 이 협회 임원에서 회장 자리에 오르게 되었는데, 여학생이 회장 자리에 앉은 것은 협회 역사상 처음 있는 일이었다.

사람들을 만나고 자신의 생각을 알릴 기회가 많아지다보니 그녀의 성격은 적극적으로 바뀌기 시작했으며 귀족 자제와 데이트를 할 때도 '잡화상의 딸'이라는 자신의 신분에 결코 주눅 들지 않았다.

1945년, 보수당은 선거에 참패해 노동당이 정권을 장악했다. 마

젊은 시절 화학연구원으로 일했던 대처 여사

거릿에게는 너무나 큰 충격이었으나 한편의 귀중한 교훈이기도 했다. 정치적 투쟁의 냉혹함과 무정함은 도저히 예측할 수 없다는 사실을 깨달은 것이다. 당시 윈스턴 처칠 총리는 영국과 유럽 국가들을 지휘하면서 독일 파시스트를 제압해 수천만 명이 참극을 면할 수 있었다. 보수당 지도자로서 그가 총리직을 연임하는 것은 당연한 일이었고 누구도 이를 의심하지 않았다. 그러나 영국 유권자의 냉정한 이성은 전쟁에서 승리한 감격을 외면한 채 영웅을 버리고 개혁을 주장하는 노동당을 선택했다.

한편 보수당의 선거운동에서 빼어난 연설실력을 발휘했던 마거릿을 보고 보수당의 한 간부는 그녀를 가리켜 청출어람이라고 칭찬했다. 당시 스무 살이던 그녀는 세상에 자신의 능력을 본격적으로 알리기 시작했다.

마거릿이 옥스퍼드 대학교 보수당 협회에서 활발하게 활동한 결과, 1946년 가을에는 회원이 천 명을 넘기며 가장 많은 회원수를 기록하기도 했다. 그녀는 보수당 전당대회에 처음 참석해 오랫동안 존경해 마지않던 처칠 등 거물급 정치인들을 직접 만날 수 있었다. 그들은 이제 막 정계에 발을 내디딘 새내기가 이루어낸 성과에 대해 칭찬과 격려를 아끼지 않았고 마거릿은 평생 보수당을 위해 헌신하기로 다짐했다.

마거릿이 화학과의 실험실과 정치 토론회나 강연장에서만 시간을 보낸 것은 아니었다. 그녀 역시 또래처럼 장밋빛 로맨스를 꿈꿨

Margaret Hilda Thatcher

대처 여사의 가족사진

고 가슴 떨리는 풋사랑도 몇 차례 경험했다. 젊은 백작과 나눴던 로맨스는 뜨거웠으며 예전에는 미처 몰랐던 행복과 자신감을 안겨주었다. 사람들은 그녀가 백작을 사귀는 것은 상류사회로 진출하기 위한 동아줄을 잡은 것이라고 조롱했다. 두 사람의 사랑은 결국 신분의 벽을 넘지 못하고 물거품이 되고 말았지만 그녀는 조금도 낙담하지 않았다.

1947년 마거릿은 화학과 차석으로 옥스퍼드를 졸업했다. 수많은 정치활동에 참여하면서도 이렇듯 우수한 성적을 거뒀다는 것은 남다른 재능과 왕성한 에너지를 갖고 있음을 반증하는 것이기도 했다. 학위를 받은 뒤 마거릿은 친구에게 말했다.

"화학이 아니라 법률을 공부했어야 했어. 정치인은 무엇보다 법률을 알아야 해."

사회에 첫발을 내디딘 마거릿은 다른 명문대 출신들처럼 괜한 우월감에 빠져 새로운 환경에 쉽게 적응하지 못했다. 콜체스터 부근의 플라스틱 제조회사에서 연구원으로 일한 그녀는 침착하고 진지한 태도로 사람들에게 깊은 인상을 남겼다. 그녀는 깐깐한 여든 살 할머니조차 흠잡지 못할 만큼 보수적인 옷차림을 고수했으며 이야기의 주제는 정치와 보수당을 벗어나지 않았으며 어렵고 낯선 단어들을 쉽게 구사했다. 사람들은 그녀에게 '여자 공작' '마거릿 여사'라는 별명을 붙여주었다.

Margaret Hilda Thatcher

아내의 성공을 위한 남편의 외조

　정치는 그녀의 정신적 지주이며 인생의 목표였다. 정치에 대한 열정을 원동력 삼아 그녀는 청운의 꿈을 안고 달리기 시작했고 마침내 그 꿈을 실현하게 되었다. 1948년 옥스퍼드 동문회 대표로 보수당 전당대회에 참석한 그녀는 동문인 존 그랜트John Grant의 소개로 켄트주州 다트포드시市 지구당 위원장 존 밀러John Miller를 만난다. 당시 밀러는 차기 의원 후보자를 물색 중이었지만 여성을 염두에 두고 있지는 않았다. 게다가 마거릿은 스무 명의 예비후보 가운데 가장 경력이 초라했고 스물세 살로 제일 어렸다. 그러나 그녀에게는 누구보다 큰 잠재력과 열정이 있었고, 뛰어난 연설 능력은 다른 경쟁자를 압도했다. 1949년 3월, 마거릿은 마침내 영국 최연소 하원의원 후보가 되었다.

　선거에 참가한 그녀는 노동당을 이기기 위해 모든 전략을 동원했다. 특히 노동당 경제정책의 핵심인 국유화를 집중 비판했다. 그리고 영국이 강한 의지와 특유의 민족성으로 부강해질 것이라는 사실을 노동당은 불신하고 있다고 공격했다. 제2차 세계대전 중이던 1941년 8월 14일, 영국의 처칠 총리와 미국 루스벨트 대통령이 북대서양에서 5일간의 선상회의 끝에 발표한 공동선언 〈대서양 헌장 Atlantic Charter〉에서 언급한 '4대 자유'는 '5대 자유'로 수정되어야 한다고 주장하기도 했다. 언어 · 종교 · 빈곤 · 공포로부터의 자유 외에 '인간이 자신의 의지에 따라 재능을 발휘하고 사상을 개진할 수 있는 자유'였다. 그녀는 또한 정부가 국민에게 더 큰 권리와 함께 더 많은 책임을 부여해야 한다고 믿었다.

1949년 12월, 마거릿은 다트포드 선거구의 노동당 후보 노먼 도즈Norman Dodds와 함께 토론회를 열었다. 토론장을 가득 메운 호기심 가득한 사람들에게 그 자리는 토론회라기보다는 재미있는 연극무대 같았다. 무미건조한 정치 쇼에 젊고 아리따운 여주인공이 등장한 셈이었다. 백 년에 한 번 나올까 말까 한 흔치않은 구경거리임이 분명했다. 마거릿은 정치 새내기였음에도 노련한 언변으로 유권자들의 마음을 사로잡았고 다양한 계층으로부터 호평을 얻었다. 신문들 역시 우호적인 논평을 실어 그녀의 명성은 순식간에 높아졌다.

그러나 선거일이 가까워오자 중년층 유권자들 사이에서 아직은 너무 어리다는 우려의 목소리가 커지기 시작했다. 결국 마거릿은 2만 4490표를 획득해 3만 8128표를 얻은 도즈에게 패하고 말았지만, 다트포드 선거구의 보수당 득표율을 50퍼센트나 끌어올렸다. 이런 성과 덕에 그녀는 차기 선거를 노릴 수 있었다.

1951년 노동당 정부는 국제수지 위기에 올바르게 대처하지 못했고 이에 대한 책임으로 의회가 해산되어 그해 10월에는 새로 선거를 치르게 되었다. 이를 기회 삼아 보수당 당수 처칠은 노동당 당수 클레멘트 리처드 애틀리Clement Richard Attlee를 정치 무대에서 밀어냈다. 보수당은 정권 탈환에 성공했지만 안타깝게도 마거릿은 근소

Margaret Hilda Thatcher

한 차이로 노동당의 도즈에게 또다시 패했다.

그러나 궂은 일이 있으면 좋은 일도 있는 법. 스물여섯 살이 되던 해, 마거릿은 어느 정치 모임에서 훤칠하고 잘생겼으며 매너까지 좋은 데니스 대처Denis Thatcher를 만난다. 늦은 시간이라 다트포드에서 콜체스터로 어떻게 돌아갈지 고민하던 마거릿에게 데니스 대처가 선뜻 운전기사를 자청했다.

마거릿보다 열 살 위인 그는 제2차 세계대전에 참전해 훈장을 받은 뒤로 페인트회사 이사직을 맡고 있었다. 그는 사업에서도 능력을 유감없이 발휘했고 수입도 매우 높았다. 결혼에 한 번 실패한 경험이 있는 그는 자신에게 맞는 반려자를 만나 여생을 행복하게 살기 원했다.

데니스와 마거릿은 처음 만난 순간 서로에게 반했다. 데니스는 정치에 뛰어든 마거릿을 진심으로 격려했고 물심양면으로 지원을 아끼지 않았다. 영국이 아무리 신사의 나라라 해도 데니스 같은 남편은 흔치 않았다. 마거릿이 결혼을 결심했을 때, 감리교 신도인 그녀의 부모는 이혼 경력이 있는 데니스를 탐탁치 않게 여겼다. 그러나 딸의 고집을 꺾을 수 없었다. 마거릿은 데니스와 결혼했고, 정식으로 '대처 여사'로 불리기 시작했다.

두 사람의 결합은 성공적인 결혼의 본보기였다. 부부가 행복하게 살아가는 방법은 각 가정마다 다르다. 어떤 부부는 같은 취미를 즐기고, 어떤 부부는 서로가 너무 달라서 상대방의 부족한 부분을 채워주기도 한다. 대처 부부는 전통적인 가치관을 고수했고 서로 신뢰하며 진실한 태도로 살았다. 두 사람 사이를 갈라놓을 수 있는 것은 없었지만, 데니스 입장에서는 안정적인 결혼생활 유지가 결코 쉽지 않았다. 아내는 정치활동에 바빠 집을 비우는 일이 많았고 그만큼 가정을 돌볼 여유가 없었다. 하지만 그는 아무리 외로워도 결코 밖에서 위로를 찾지 않았을 뿐더러 막후에서 권력을 휘두르는 정치게임에도 관심을 두지 않았다. 대처 여사에게 악의를 품은 언론들 조차도 이 사실은 인정하지 않을 수 없었다. 언론은 대처부부의 부정적인 기사를 쓰기 위해 그들의 사생활을 파헤쳤지만 티끌 하나 찾아내지 못했다.

데니스는 한 인터뷰에서 이렇게 말한 바 있다.

"사람들은 나를 역사상 가장 주목받지 못한 남편이라고 생각한다. 나는 앞으로도 나보다는 아내가 더 주목받기를 원한다."

그는 세간의 관심을 받으려는 마음은 추호도 없었다. 그저 자신 때문에 아내의 정치적 입지가 위태로워지는 것을 원치 않았고, 충직한 기사처럼 '보스'(데니스는 아내를 그렇게 불렀다)를 보호하면서 동시에 자신의 존엄도 지키고자 했다. 이는 너무나 현명한 일이지만 행동으로 옮기기에는 결코 쉽지 않은 것이었다.

대처 여사는 배려심 많은 남편과의 사이에 사랑스런 쌍둥이 남매를 두었다. 그녀는 여유가 있을 때마다 남편과 남매를 위해 직접 음식을 만들었다. 그러나 그녀에게는 원대한 포부가 있었고 하루가 다

Margaret Hilda Thatcher

르게 기울어가는 영국을 다시 일으켜 세워야겠다는 사명이 있었다.

그녀는 가족에게 미안하다는 말 외에는 아무 말도 할 수 없었다.

여자 한 명이 여럿 남자 보다 낫다

여성에게 일할 기회가 주어진다는 것은 여성의 참정권 또한 보장되어야 함을 뜻한다. 웨스트민스터 의사당에 여성이 더 많이 진출하고 내각의 요직도 더 많이 차지해야 했다. "여성이라고 왜 재무부 장관이나 외교부 장관이 못 되겠는가?"라는 대처 여사의 말은 원망도 푸념도 아닌, 새로운 목표를 정하기에 앞서 현재 상황을 확인하기 위한 반문이었다.

대처 여사는 기회란 준비된 자에게만 주어진다고 믿었다. 그녀는 정계 고위인사들과 맞서기 위해 우선 자신을 가다듬고 충분한 에너지를 비축해야 했다. 1951년 그녀는 빠듯한 시간을 쪼개 법률 공부를 시작했다. 2년 후에는 법학과 과정을 수료하고 변호사 자격을 취득해 런던의 링컨법학협회 세무법률사무소에 입사했다. 변호사로서 첫걸음이었고, 첫 번째 도약이었다.

변호사가 된 그녀는 정계인사들과 더 쉽게 접촉할 수 있었고 그들의 지지를 받을 수도 있었다. 드디어 1959년, 런던 핀츨리 선거구의 보수당 후보가 되면서 대처는 지난 십여 년의 정치적 수련이 결실을 맺는 순간을 맞이했다. 그녀는 자신의 확고한 주장을 막힘없는 연설을 통해 유권자들에게 전달했다. 그 결과, 비교적 큰 차이로 하원의원에 당선된 그녀는 서른네 살의 여성으로 정계에 정식으로 진출하게 되었다.

영국 하원은 의회에서 최고의 권위를 지닌 입법기구다. 이밖에도 재정, 정부 감사, 내각 불신임 결의권도 갖고 있다. 의원의 주요 임무는 공적 법안과 사적 법안을 제출하는 것이다. 공적 법안은 국가 사무와 관련되어 있고 사적 법안은 지방 혹은 기타 단체의 사무와 관련되었다. 대처 여사가 하원에서 처음 발의한 사적 법안은 언론계 대표에게 지방의회의 회의 방청권을 부여하는 내용이었다. 장장 27분간의 명확하고 설득력 있는 연설로 그녀의 주장은 노동당 의원들을 포함한 많은 의원들의 찬성을 받아내 의회를 통과했다. 언론계를 위한 이러한 노력은 주요 신문사와 잡지사, 출판사가 모여 있는 런던 플리트 가의 환영을 받았다. 신문사마다 이 정치 신예에 대해 대서특필하며 찬사를 아끼지 않았다.

그녀만큼 자신의 목표를 위해 혼신의 힘을 쏟으며 왕성한 활동을 펼치는 정치인은 없었다. 수많은 남성에게 이 사실은 큰 충격이 아닐 수 없었다. 그녀는 전형적인 일 중독자여서 휴가를 떠나는 일도 없었지만 결코 피곤하거나 흐트러진 모습을 보이지 않았다. 그녀는 틈이 날 때마다 의회도서관에서 자료를 수집했다. 연설을 할 때면 자신의 주장을 뒷받침할 근거를 정확한 수치로 제시했고, 토

Margaret Hilda Thatcher

론에서는 정곡을 찌르는 주장과 신랄한 비판으로 상대방을 궁지로 몰아넣었다.

1961년, 하원에서 보여준 뛰어난 성과를 토대로 해럴드 맥밀런 Harold Macmillan 총리는 그녀를 연금·국민보험부의 정무 차관으로 임명했다. 불과 서른여섯의 여성이 거물 의원이자 내각의 차관이 되었다는 것은 또 하나의 새로운 기록이 되었다. 보수당 당수 알렉 더글러스 흄Alec Douglas-Home조차 그녀를 경계해서 아내에게 말했다고 한다. "대처 한 사람의 머리를 우리 여럿이 당해내지 못하니 앞으로 조심해야겠어."

노동당에 오랫동안 몸담아온 여성의원 존 만은 《국회의사당의 여성》이라는 책에서 자신이 재정부 장관과 외교부 장관 같은 요직은 여성이 감당하기 어렵다고 단정했지만 대처 여사만은 유일하게 맡은 임무를 충분히 감당할 수 있음을 인정하게 되었다고 고백했다.

맥밀런이 이끄는 보수당 정부는 경제정책에 실패한데다 육군참모총장의 스캔들까지 터져 결국 정권을 내놓아야 했다. 1964년 선거에서 보수당은 노동당에 참패했다. 그러나 대처 여사는 핀츨리 선거구에서 재선에 성공하면서 새로운 기회를 노릴 수 있었다.

1964년부터 1970년까지 노동당이 집권하는 동안, 보수당은 지도부 선거를 치러 노동부 장관과 국새상서Lord Keeper of the Great Seal를 지낸 에드워드 히스Edward Heath를 새 지도자로 선출했다. 새로운 인물을 양성하기 원했던 에드워드 히스의 예비 내각에서 대처 여사는 여러 부서의 대변인을 맡았다. 이때 풍부한 실무경험을 쌓으며 정부의 조세정책과 재정·경제 상황에 대해 꿰뚫게 되었다. 아무리 복잡한 문제와 벅찬 상대를 만났을 때도 그녀는 잘 대처했다. 상대의 힘을 역이용해 반격을 하니 오랜 경력의 정객들조차 그녀를 감당하지 못했다. 당의 고위 간부들이 대처 여사를 천거했을 때 히스는 측근에게 의미심장한 말을 했다.

"윌리엄 화이틀로William Whitelaw는 대처를 당에서 가장 유능한 인물로 생각하더군. 하지만 일단 그녀에게 기회를 주면 그녀를 감당하지 못할 거라는 말도 했다네." 히스의 염려는 훗날 현실이 되었다.

대처 여사가 가장 존경하는 국가 지도자는 링컨이었다. 그녀는 같은 변호사 출신인 이 정치가의 명언을 좌우명으로 삼고 가슴에 깊이 새겼다.

번영을 이루기 위해 절약과 검소를 막아서는 안 된다.
약자를 돕기 위해 강자를 억눌러서는 안 된다.
강자를 돕기 위해 유명 인사의 명예를 훼손해서는 안 된다.
피고용인을 돕느라 고용주에게 손해를 입혀서는 안 된다.
인류애의 명목으로 계층 간 불화를 선동해서는 안 된다.
가난한 사람을 돕는다고 부자를 사라지게 해서는 안 된다.
빌린 돈으로는 안정적인 생활을 꾸릴 수 없다.

Margaret Hilda Thatcher

무절제한 소비로 경제위기를 해결할 수 없다.

창의성과 독립성을 잃은 인간은 개성과 용기가 없다.

다른 사람을 돕는다고 그의 일을 대신해서는 안 된다.

대처 여사는 또 그녀가 가장 존경하는 정치경제학자 존 스튜어트 밀John Stuart Mill의 명언을 자주 인용했다.

모든 사람은 자기만의 방식에 따라 행복한 삶을 영위해야 하며, 이런 삶은 남에게 유익을 주는 방식으로 살도록 강요받을 때보다 인류에게 더 이롭다.

개인이 책임감을 가지고 의사결정권을 행사하도록 장려해야 한다. 정부의 권력을 축소하고, 정부에 대한 국민의 의존을 줄여야 한다.

정부의 간섭을 반대하고 개인의 책임과 시장경쟁을 강조하는 19세기 경제학자 데이비드 리카르도David Ricardo의 주장을 지지한 그녀는 국영기업의 낮은 효율성과 공공부문의 방만한 지출이야말로 고질적인 영국병의 직접적인 원인이라고 보았다. 전후 영국은 정권이 바뀌어도 경제에 대한 국가의 간섭, 국유화, 복지국가라는 정책기조를 유지했다. 이를 '합의정치politics of consensus'라고 하는데 그녀는 이로 인해 보수당과 노동당이 서로를 견제하고 감시하는 정당의 핵심기능을 제대로 수행하지 못했다고 보았다. 그녀는 노동당과 타협하는 등 좌익으로 치우친 보수당이 제자리로 돌아와 정체성을 새로 확립하고 활력을 되찾아야 한다고 호소했다.

성공은 위기를 통해 얻는다

1970년, 거액의 무역적자와 실업률 상승으로 노동당 정권은 실각했다. 보수당 당수 에드워드 히스가 총리에 취임하면서 대처 여사는 교육부 장관에 임명되었다. 유일한 여성 장관을 향한 세간의 관심은 더욱 커졌다. 그녀는 취임하자마자 개혁을 단행해 조직의 기강을 바로잡았다. 이곳저곳에서 불평이 터져 나왔고 그녀를 '작업반장'이라고 비하하는 사람도 있었지만, 교육부의 업무효율은 월등히 높아졌다.

대처 여사는 유아교육을 중시했고 방송대학을 세우는 데 주력했으며 지출을 줄이기 위해 노력했다. 그녀가 추진한 개선안에는 초등학생 무상우유 공급 중단이 들어 있었는데 여론은 맹렬히 비난했고 그 여파는 삽시간에 퍼져 나갔다. 이 일로 '우유 날치기 대처 Thatcher the Milk Snatcher'라는 별명까지 얻었지만 그녀에게 어린이들을 사랑하는 마음이 없어서가 아니었다. 다만 정부가 교육비를 부담하는 만큼 학부모는 자녀의 건강과 영양에 대해 부담해야 한다고 생

Margaret Hilda Thatcher

각했던 것이다. 이렇게 절약한 경비를 다시 교육에 투자하면 혜택은 결국 학생에게 되돌아간다. 많은 이들이 구두쇠라고 욕했지만 그녀는 관련 자료와 근거를 제시해 해마다 필요한 예산을 확보했다. 목표를 달성하기 위해서는 어떤 타협도 하지 않는 불굴의 정신. 처음에는 등을 돌렸던 부하직원들도 나중에는 그녀를 존경하고 따랐다.

1974년에는 인플레이션, 재정적자, 유가Oil Price위기, 경기침체, 노동자 총파업 등 일련의 사태가 동시에 터졌다. '영국병'이라고 불리는 이 초유의 사태에 당황한 정부는 마땅한 해결책을 제시하지 못했다. 결국 에드워드 히스 정부는 이에 책임을 지고 정권을 내놓았다. 그녀 역시 교육부 장관에서 물러나야 했다. 관용차를 반납하고 정든 사무실을 떠나야 했지만 그녀는 낙담하지 않았다. 얼마 지나지 않아 내각에 복귀하리라 자신했고, 그때가 되면 교육부 장관은 자신에게 보잘것없는 자리가 되리라 생각했다. 권력의 세계에서는 이길 때가 있으면 질 때가 있고 일어설 때가 있으면 추락할 때도 있는 법이다.

당내 다수파가 보수당의 개혁을 요구하는 소리가 높아지면서 대처 여사가 기적을 만들고 역사의 기록을 새로 쓸 수 있는 가능성은 점점 커져갔다. 그녀가 있는 한 '보수당은 남자들의 세계'라는 말이 성립되지 않았다. 그러나 전통과 가문을 중시하는 영국이라는 나라에서 여성이 보수당의 지도자가 된다는 것은 결코 쉽지 않은 일이었다. 본인조차 이를 비관적으로 보았다.

"여성이 당수나 총리를 맡으려면 더 오랜 시간이 필요하다. 내가 살아있는 동안에는 아마 어려울 것이다."

당 지도부 선거에서 에드워드 히스에게 제일 먼저 도전의사를 밝힌 이는 케이스 조지프Keith Joseph였는데, 그는 황당한 주장을 했다.

"사회의 하층에 속한 여성은 자기 자신조차 건사하지 못하므로 아이를 낳고 기르는 데 적합하지 않다. 따라서 피임약을 무상으로 지급해 무절제한 출산을 막아야만 영국의 인종과 인구 균형이 위협받지 않는다."

여론은 거센 비난에 결국 그는 경선에서 물러나야 했다.

대처 여사는 누구와도 상의하지 않고 당수 자리에 과감히 도전장을 내밀었다. 당내에서 히스의 세력이 너무 커서 그녀에게는 지원군도 몇 안 되었고 대중들의 지지도 약했던 만큼 이는 커다란 모험이었다. 보수당을 개혁하려는 신념과 카리스마밖에 없는 그녀가 이길 가능성은 높지 않았다. 만약 진다면 정치생명에 심각한 타격을 입을 터였다. 권력에 대한 야심을 드러낸 여성에게 사람들은 경계를 늦추지 않을 것이고, 결국에는 정계에서 설 자리를 잃을 것이 분명했다.

하지만 대처는 다짐했다. 지금 이 기회를 놓친다면 다음 기회가 언제 또 오겠는가! 정치인의 삶은 일면 도박과도 같다. 인생을 걸만큼 큰 패를 가지게 되었다면 비록 지더라도 충분히 모험할 만한 가

Margaret Hilda Thatcher

치가 있었다. 만약 히스에게 패해 정계를 떠난다 해도, 예전처럼 세무전문 변호사로 일하면 그만이었다.

보수당 경선은 한 편의 드라마를 방불케 했다. 유력한 후보들 모두 개인적인 사정으로 후보를 사퇴한 뒤 대처 여사를 지지한다는 입장을 밝혔다. 정당의 성향은 보통 당수의 성향을 따르게 마련이다. 대처 여사는 처칠 이후 보수당에서 이미 사라져버린 강경함을 보여주었다. 온건한 성향의 히스는 국내정치는 물론 외교에서도 노동당과 타협하는 유약한 모습을 보였다. 이는 당내 여러 인사들이 가장 골치를 앓는 부분이었다. 강경한 당수를 원했던 이들에게 결코 타협하지 않는 대처 여사는 이상적이었다.

1975년, 1차 투표에서 대처 여사는 130표를 얻어 119표를 얻은 히스를 눌렀다. 2차 투표에서는 히스의 후임자인 윌리엄 화이틀로마저 압도적인 표차로 이겼다. 이로써 보수당 역사상 처음으로 여성 당수가 탄생했다. 그해 대처 여사의 나이는 50세였다.

냉전의 투사

보수당 당수로서 대처 여사의 임무는 너무나 막중했고 갈 길 또한 멀었다. 우선 무너진 당내 질서를 바로잡아야 했다. 당내 파벌 투쟁이 심했는데 특히 히스 계파를 다루기가 쉽지 않았다. 그녀는 손을 내밀고 싶지 않았지만 너그럽게 그들과 공조를 시도하며 히스에게 예비내각에 참여할 것을 종용했다.

그러나 돌아온 것은 히스의 거칠고 무례한 거절뿐이었다. 그의 거절은 오히려 득이 되었다. 같은 산에 두 마리 호랑이가 함께 살 수는 없는 법. 히스가 거절하지 않았다면 그녀는 그의 그늘에서 벗어나기 어려웠을 것이다.

곧이어 대처 여사는 실권을 장악하고 신속하게 입지를 굳혔다. 특히 히스 계의 2인자 윌리엄 화이틀로를 부당수로 임명해 당내 결속을 다졌다. 수년 뒤인 1979년 총선거에서 화이틀로는 대처 여사에 대한 지지를 표명했다. 그는 "뛰어난 당수이자 최고의 정치가"라고 그녀를 극찬했다.

대처 여사는 자신과 같은 이상을 가진 엘리트들을 영입해 예비내각의 핵심인물로 삼았다. 케이스 조지프는 정책연구를 맡았고, 에어리 니브는 대처를 도와 일상적인 사무를 처리했다. 또 다양한 분야의 뛰어난 학자들을 초빙해 자문기구를 조직했다. 최고의 두뇌들이 그녀를 위해 정책을 제안했다. 경제학자 알프레드 셔먼은 경제자문을 맡았고, 극작가 로니 밀러는 그녀의 연설문을 작성했다.

대처 여사는 자율적인 경제활동을 중시해 비국유화와 머니터리즘(통화주의)에 입각한 강력한 경제개혁을 추진했다. 또한 노동당이 부르짖은 사회주의는 이미 부패했다고 비판했다. 한편 갈수록 비관주의에 빠지는 영국인들에게 새로운 믿음을 주고 그들이 가진 권리

Margaret Hilda Thatcher

를 일깨우는 데 노력했다.

"인간은 자기 의지에 따라 일할 권리가 있으며, 자신이 일해서 번 돈을 쓰고, 재산을 소유하며, 정부를 상전이 아니라 하인처럼 부릴 수 있는 권리가 있다."

그녀는 보수당이 중도에서 벗어나 보수당의 초기 주장이었던 자본주의로의 회귀를 천명했다. 자신은 극우 정치인이라고 공언하며 노동당 정책에 대한 극도의 불만을 드러냈다.

대처 여사는 국제무대를 종횡무진 누볐다. 그녀를 최고의 예우로 맞이한 나라는 미국이었다. 지미 카터 대통령은 전례를 깨고 백악관으로 그녀를 초대해 회담을 나눴다. 45분간의 회담에서 손님인 대처 여사는 오히려 주인인 양 40분에 걸쳐 쉴 새 없이 자신의 의견을 피력했다. 소련에 대해 극도의 반감을 보였고, 일부에서 냉전 후의 긴장완화를 낙관하고 있지만 그것은 일방적인 희망사항일 뿐이라며 맹렬히 비난했다.

이처럼 자신의 생각을 거침없이 쏟아내는 '냉전의 투사'에 대해 노동당 정부는 골머리를 앓았고 소련 정부도 분노를 감추지 못했다. 소련 관영통신사인 타스통신은 대처 여사가 빗자루를 타고 영국 국회의사당 위를 나는 그림에 '서양의 사악한 마녀'라는 제목까지 달았다. 그녀에게 '철의 여인' '냉전의 전문가'라는 별명 두 가지도 붙여주었다. 이때부터 대처 여사는 '철의 여인'으로 불리게 되었다. 적대국에서 붙여준 별명을 그녀는 기꺼이 받아들였을 뿐 아니라 최고의 찬사로 여겼다. 1979년 총선거에서 대처 여사는 다음과 같은 광고문을 내걸었다.

"러시아인들이 나를 철의 여인이라고 부르는 것은 정확한 지적이다. 영국이 필요로 하는 사람은 바로 철의 여인이다."

내가 가진 것은 용기 뿐이다.

1970년대 영국 경제는 끝없이 추락했다. 생활고에 허덕이는 국민은 변혁을 간절하게 원했다. 그러나 무기력에 빠진 정부는 효과적인 대책을 내놓지 못했다. 대처 여사는 노동당 정부의 경제정책이 실효를 거두지 못했으며 국가 채무만 증가시키고 부패를 키웠다고 공격했다. 하원에서는 연이어 세 차례 정부 불신임안을 제출했다.

총선거가 다가왔을 때 그녀는 승리를 자신했지만 마음을 놓지 않고 승리를 위해 치밀하게 준비했다. 유명한 광고회사 사치Saatchi & Saatchi에 선거운동 기획을 맡겼을 때 노동당 인사 데니스 힐리Denis Healey는 "그녀는 마치 시중에서 파는 세제처럼 자신을 광고하려 든다."고 비꼬았다. 그녀는 아랑곳하지 않았다. 선거참모 고든 리스Gordon Reese에게 이런 농담을 건네기도 했다.

"만약 이번 총선거에 실패하면 나는 직업을 바꾸면 되지만 당신

은 총살을 면치 못할 거요."

1978년 말, 영국 노동자들은 총파업에 나섰고 학교는 수업을 중단했으며 병원은 문을 닫았고 교통은 뒤엉키고 쓰레기는 곳곳에 쌓였다. 보수당은 세 번째로 정부 불신임안을 제출했고, 노동당은 단 1표 차이(311표 대 310표)로 실각하고 말았다. 이어진 총선거에서는 보수당이 339석, 노동당이 269석, 자유당과 기타 정당이 27석을 얻었다. 보수당의 압도적 승리였다. 이에 따라 대처 여사는 영국 최초의 여성 총리에 취임해 최고의 권력을 상징하는 다우닝 가 10번지에 입성했다. 그때 그녀의 나이 53세였다.

취임 연설에서 그녀는 성 프란시스코의 시를 인용했다.

다툼이 있는 곳에 화해를,

오류가 있는 곳에 진리를,

의심이 있는 곳에 믿음을,

절망이 있는 곳에 희망을 심게 하소서.

고질적인 영국병에 시달리는 영국에서 남성들은 그동안 자신의 의술이 뛰어나다고 자랑해왔다. 하지만 그들의 처방은 아무 효험이 없었다. 이제 섬세하고 탁월한 의술을 가진 여성이 나섰다. 그녀의 의술을 통해 사경을 헤매는 환자의 목숨을 살리고 고질병을 완치할 수 있을까? 새 총리는 결코 평범한 여성이 아니었다. 그녀는 전 세계에 명망을 떨친 '철의 여인'이었다. 그녀에게는 학식과 지혜, 안목이 있었다. 무엇보다 그녀는 무쇠처럼 강한 팔과 불굴의 투지, 원대한 포부로 쇠약해진 영국을 재기의 길로 이끌고자 했다. 활력을 잃은 영국 국민에게 무엇보다 필요한 것은 그녀가 지닌 무적의 패기와 투지였다. 대처 총리의 집권은 크나큰 축복이었다.

새롭게 출범한 내각에서 캐링턴 경은 외교부 장관, 윌리엄 화이틀로는 내무부 장관, 제프리 하우는 재정부 장관, 케이스 조지프는 산업부 장관의 자리에 올랐다. 대처 총리가 막 정권을 잡았을 당시 내각은 오랜 경력의 덕망 높은 예전 인사들로 채워져 있었다. 그녀의 심복은 많지 않았다. 그러다보니 설 자리가 위태했고 고려해야 할 일들이 많아 독자적인 정책을 추진하지 못했다. 이 점이 정권을 불안정하게 만드는 요인이 되었다.

대처 총리가 단행한 새 정책 가운데 으뜸은 세제개혁이었다. 그녀는 80퍼센트의 소득세를 유럽 평균 수준인 60퍼센트로 낮추는 동시에 부가가치세 같은 간접세를 올렸다. 따라서 국민이 납부하는 세금 총액은 줄어들지 않았고 소득에 상관없이 세금을 균등하게 분담하는 결과를 낳았다. 사람들은 '가난한 자에게서 빼앗아 부자의 지갑을 채워준다'고 비꼬았지만 그녀는 이 정책을 고수했다. 고소득자가 빠른 시간에 부를 축적해서 잉여자금으로 투자를 하면 경제를 활성화시킬 수 있으며 국영기업의 민영화에 걸리는 시간을 대폭 줄일 수 있기 때문이다. 정부지출도 크게 삭감했다. 교육부 장관

Margaret Hilda Thatcher

시절 학생들의 우유급식 지원금을 삭감했던 것과는 비교할 수 없이 큰 규모였다. 그러나 경찰과 군대 관련 경비만은 축소하지 않았다.

장기간에 걸친 영국병, 즉 인플레이션을 해결하기 위해서는 극약처방인 긴축정책을 단행했다. 그런데 그녀가 통화주의에 근거해 추진한 긴축정책은 심각한 파장을 일으켰다. 국민총수입GNI이 하락하고 대기업은 큰 손실을 입었으며 중소기업은 줄줄이 도산했다. 인플레이션과 실업률은 여전히 고공행진을 했고 노동계는 총파업을 준비했다. 그러나 철의 여인이라는 별명처럼 그녀는 결코 양보하지 않았다. 물론 얼마나 어려운지 그녀 자신도 알고 있었다.

"내가 지금 겪고 있는 어려움은 디스레일리Benjamin Disraeli 총리, 처칠 총리가 전쟁기간에 겪었던 것보다 훨씬 더 심각하다."

이런 상황에서도 그녀는 당황하지 않고 믿음을 잃지 않았다.

"내가 가진 것이라고는 용기뿐이다."

대수술을 받고 난 환자는 예전보다 더 약해지지만 이는 병이 치유되고 있다는 전조라며, 그녀는 소신을 굽히지 않았다.

1980년 10월, 보수당 온건파들이 현재 노선을 포기하고 과거로 돌아가야 한다고 목소리를 높이자 그녀는 전당대회에서 과감히 의견을 피력했다.

"과거로 돌아갈지 여부는 여러분 뜻대로 하십시오. 저는 절대 돌아가지 않겠습니다."

그녀가 신뢰하는 경제 수석고문 존 호스킨스John Hoskyns마저 회의적인 태도를 보일 때도 그녀는 한결같았다.

"내 지위와 명예가 추락한다 해도 나는 결코 정책을 바꾸지 않을 겁니다."

그녀는 한 번 내린 결정은 결코 의심하지 않고 후회하지 않는 배짱 두둑한 정치인이었다.

처음 집권한 3년은 악몽 같은 시간이었다. 철강 노동자와 공무원의 파업, 30여 개 도시에서 일어난 폭동, 게다가 IRA^Irish Republican Army(아일랜드공화국군)의 잦은 테러로 북아일랜드는 전에 없는 공포에 휩싸였다. 엎친 데 덮친 격으로 정부에 잠입해 있던 스파이들이 내부 정보를 유출한 사건이 공개되면서 그녀의 권위는 땅에 떨어졌다. 지지율은 급격히 하락했다. 갤럽조사에서 영국인들은 대처 총리를 가장 무능력한 정치인으로 뽑았다. 제2차 세계대전이 일어나기 직전 유화정책을 추진해 명예가 실추되었던 체임벌린^Joshua L. Chamberlain보다 더 무능하다고 평가한 것이다. 이렇듯 사면초가의 상황이었지만 그녀는 자신의 정책을 고수했고 좌파 혹은 온건파와 타협하지 않았다.

봇물 터지듯 쏟아지는 악재 속에서도 좋은 소식이 있었다. 미국 공화당의 도널드 레이건이 1981년에 대통령이 된 후 추진한 개혁 정책은 대처 총리의 정책을 벤치마킹한 것이었다. 세계 정치의 흐름을 그녀가 선도하고 있다는 증거였다.

1981년, 대처 총리는 두 차례에 걸쳐 개각을 단행했다. 첫 번째

Margaret Hilda Thatcher

개각에서 온건파의 세력을 꺾었고 자신의 경제정책에 번번이 반대한 하원의원장을 경질했다. 두 번째 개각에서는 재정부, 노동부, 무역부, 에너지자원부의 장관직과 보수당의 요직을 자기 사람들로 교체했다. 이에 따라 정부는 대처의 사람으로 채워졌다.

악몽 같은 3년이 흐른 뒤에야 그녀의 정책은 효과를 보이기 시작했다. 경제가 소생해 실업률과 인플레이션이 대폭 하락했다. 대기업뿐 아니라 중소기업의 영업실적도 호전되었으며 사회는 안정을 되찾았다. 보수당 지지율은 수직상승해 1979년 이래 처음으로 노동당을 앞섰다. 그녀 역시 보수당 당수 자리를 지킬 수 있었다.

소신에는 타협 없다.

대처 총리는 영국의 자존심을 지키기 위해서는 어떤 희생도 감수했다. 영국에서 '포클랜드 제도'라고 부르는 대서양 남부 말비나스 제도Islas Malvinas는 2천여 명의 주민이 사는 작은 섬이다. 이 섬을 두고 영국과 아르헨티나는 수년간 영유권 분쟁을 벌여, 이곳에는 두 나라의 국기가 함께 게양되어 있었다. 그런데 1973년 한 영국 과학자가 부근에서 대규모 유전을 발견한 이후 포클랜드는 경제적·전략적 요충지로 급부상했다.

1982년 4월 2일, 천여 명의 아르헨티나군이 포클랜드에 상륙해 영국군 70여 명이 무기를 버리고 투항하는 사건이 벌어졌다. 대처 총리는 긴급 내각회의를 소집했고 레이건 대통령에게 지원을 요청했다. 4월 19일, 미국의 중재로 영국과 아르헨티나 두 정부는 협상 테이블에 나왔지만 아무런 합의도 이끌어내지 못했다.

영국이 겪은 수모를 반드시 씻어내겠다는 각오로 대처 총리는 파병을 결정했다. 4월 25일, 영국 해병대는 포클랜드 제도 부근의 해역에서 작전을 개시했다. 양쪽 모두 심각한 타격을 입었다. 수억 달러가 넘는 군함이 침몰했고 수많은 군인이 목숨을 잃었다. 6월 14일에는 총공격을 감행한 영국은 결국 아르헨티나군의 항복을 받아냈다.

경제적으로는 큰 손실이었지만 정치적 의의는 매우 깊은 전쟁이었다. 영국 국민의 자신감과 사기, 믿음이 치솟았고 애국의 열기가 넘쳤다. 영국 총리로서 대처 여사의 위신은 이전과는 비교할 수 없을 만큼 높아졌다. 보수당 의원 에녹 파월Enoch Powell은 다음과 같은 찬사를 보냈다.

"최고 품질의 강철로 만들어진 철의 여인은 고도의 유연함을 가지고 있어서 꺾이지도 닳지도 않아 민족의 모든 목표를 이루는 데 온전히 쓰일 것이다."

전쟁 같은 악재가 호재로 바뀔 줄은 대처 총리 자신도 예상하지 못했던 일이다.

외교 분야에서 대처 총리는 영국과 미국의 전략적 동반관계를

Margaret Hilda Thatcher

강화했고 국제관계에서 유럽보다 미국을 우선시했다. 처음 만났을 때, 대처 총리와 레이건 대통령은 서로의 늦은 만남을 아쉬워했다. 레이건은 "만난 지 얼마 되지 않아 나는 그녀에게 빠져들었다. 정치와 자유경제의 확대에 대한 우리 두 사람의 생각은 완전히 일치했다."라고 말했다. 두 사람은 가치관과 이상이 같아서 서양의 정치지도자 가운데 가장 밀접한 관계를 맺었다. 그 관계는 오랫동안 유지되었으며 세인들의 많은 주목을 받았다. 두 사람은 기쁨과 고난을 함께했고 양국의 협력을 적극적으로 주도해나갔다.

한편 대처는 중국과 '영중연합성명'을 발표하기도 했다. 1997년 7월 1일 홍콩의 주권을 중국에 영구반환할 것을 천명하는 성명으로, 식민통치를 종결하는 중대한 결정이었다. 대처 총리는 이를 통해 중국과의 관계를 개선하는 계기를 마련했다.

1983년 총선거 때는 대처 총리의 경제정책이 이미 실효를 거두고 있었다. 게다가 얼마 전 포클랜드 전쟁에서 승리한 결과 영국의 국제적인 위상이 상승하는 등 국내외 모두 보수당에 유리한 상황이었다. 이에 반해 야당인 노동당은 승리를 점치기 어려웠다. 4월 19일 의회에서 노동당 부당수 데니스 힐리는 대처 여사가 총선거 기간을 앞당긴 이유가 하반기에 경제상황이 악화될 것을 우려한 때문이라며 이를 '자르고 달아나기Cut and Run'라고 비난했다. 이틀 후 대처 총리는 자신이 추진하는 'Cut and Run'은 '자르고 달아나기'가 아니라 '노동당 의석을 삭감cut하고 국정 운영run을 계속'하는 것이라고 반박했다.

　총선 결과, 보수당은 397석을 얻어 지난 수십 년간 맛보지 못한 엄청난 승리를 거두었다. 이는 노동당에 비해 188석이 더 많은 것으로 대처 총리는 20세기 들어 처음으로 총리직을 연임한 보수당 당수가 되었다. 또한 새로운 임기에 여당의 방해 없이 소신 있게 뜻을 펼칠 수 있게 되었다. 바야흐로 찬란한 '대처 시대'가 열린 것이다.

　그러나 보수당 의원 세실 파킨슨Cecil Parkinson의 스캔들(비서가 임신을 하는 바람에 불륜이 드러나 물러났다.), 탄광노동자의 파업, IRA의 테러음모, 웨스트랜드Westland 사건에 대한 국방 장관 마이클 헤슬타인Michael Heseltine의 공개적인 반발, 산업부 장관 비서의 기밀 누설 사건 등 일련의 사건들이 우후죽순처럼 터져 나왔다. 대처 총리는 흔들림 없이 모든 문제를 하나씩 해결했다.

　특히 IRA의 테러로 브라이튼 호텔에서 일어난 폭발사고로 대처 총리는 목숨을 잃을 뻔했다. 테러가 실패로 끝나자 IRA는 다음과 같은 성명을 발표했다.

　"브라이튼 사건 이후에도 마거릿 대처를 없애려는 우리의 맹세는 변하지 않았다. 이번에는 행운이 안 따랐을 뿐이다. 하지만 기억하라. 우리에게 행운은 한 번이면 충분하지만 대처에게는 행운이 영원히 따라야 할 것이다."

　그러나 대처 총리는 이런 위협에 추호도 동요되지 않았다. 그녀의 의지는 얼마나 강인한 것일까? 철의 여인은 어떤 특수한 재료를

Margaret Hilda Thatcher

영중 정상회담(1982년 9월)

제련했기에 결코 휘어지지 않는 것일까? 그녀는 바로 옆에 폭탄이 떨어져 금방이라도 터질 듯이 연기가 나도, 소름끼치는 악마의 웃음소리가 문 밖에 울려 퍼져도 두려워하지 않았다.

대처 총리는 애국주의를 주창하고 민영화를 확대했으며 노동자 파업을 적의 침략과 동일시했다. 그녀는 타협하지 않고 소신과 정책을 강력히 밀어붙였다. 수많은 힘든 싸움을 이겨내 영국인들에게 위대한 번영의 시대를 선사했다.

독재자라는 비난에도 아랑곳하지 않았고 정신병자라고 놀려도 눈 하나 깜짝하지 않았다. 하기로 결정한 일은 다수의 의견을 누르고서라도 해야 되었고, 해야 할 말은 신의 뜻을 거스르더라도 반드시 했다. 그녀는 결코 중도의 길을 걷지 않았다. 뒤로 물러나는 법은 더더욱 없었다.

1987년 6월, 앞당겨 치러진 총선에서 보수당은 다시 승리를 거두었다. 이에 따라 대처 총리는 세 차례에 걸쳐 총리를 연임하는 대업을 이루었다. 3년 후, 제프리 하워드 아처Jeffrey Howard Archer를 비롯한 장관들이 그녀와 정치적 소신을 달리하여 하나둘 사직을 하는 등 내각은 심각한 위기를 맞았다. 결코 물러서는 법이 없던 그녀였지만 보수당의 장기적인 이익을 생각해서 대처 총리는 용퇴를 결심했다. 그녀의 뒤를 이은 사람은 젊은 존 메이저John Major였다. 정치가로서 그녀의 전성기는 이로써 막을 내렸다.

Margaret Hilda Thatcher

아들에 대한 눈먼 사랑

대처 여사는 자서전 《다우닝 가의 세월The Downing Street Years》에서 이렇게 적고 있다.

"내가 11년이 넘게 총리로 일할 수 있었던 것은 데니스가 곁에 있지 않았다면 불가능한 일이었다."

우리는 철의 여인이 자신의 결혼생활에 매우 만족했음을 알 수 있다. 데니스 대처는 2003년 세상을 떠났고 두 사람은 52년의 세월을 해로했다. 그러나 큰 나무는 그 그림자도 커서 주변에 다른 나무가 크게 자라는 것을 방해한다. 사람도 이와 같아서 위대한 어머니를 둔 자녀들은 어려서부터 큰 부담을 받기 때문에 인재로 성장하지 못하는 경우가 많다. 1953년 8월 15일, 28세의 대처 여사는 이란성 쌍둥이를 출산했다. 남자아이의 이름은 마크Mark Thatcher, 여자 아이는 캐롤Carol Thatcher이었다. 그러나 대처 여사는 정치활동 등으로 바쁘게 뛰어다녀야 했기 때문에 엄마로서의 역할을 다하지 못했다.

마크는 런던의 명문 사립학교 해로우 스쿨Harrow School에 들어갔는데 성적은 그다지 뛰어나지 못했다. 훗날 그는 회계학을 전공했지만 학업에 별다른 열성을 보이지 않았고 회계사 시험에 응시해서 세 번 모두 떨어졌다. 그렇다고 해서 마크에게 아무런 재주가 없다고는 말하기 어렵다. 문제를 일으키는 것으로 말하자면 그는 단연 우등생이었다. 대처 여사는 자녀들을 제대로 돌보지 못했다는 자책감을 맹목적인 사랑으로 보상하려 했다. 특히 마크에게 보여준 사랑은 자신이 그동안 지켜왔던 소신까지 꺾을 정도로 지나쳤다.

1981년, 마크가 근무하고 있는 영국의 한 건축회사가 오만^{Oman}에서 6억 달러 규모의 계약을 수주했다. 그런데 계약이 정식으로 체결되기 바로 전날 대처 여사가 오만을 공식 순방했다. 이 사실이 알려진 뒤 영국에서 큰 파문이 일어났고 '철의 여인'은 세인들의 의심을 받았다. 〈선데이 타임즈〉는 1980년대 영국이 사우디아라비아에 판매한 250억 달러 규모의 군수 무역에서 마크가 1500만 달러라는 거액의 커미션을 챙겼다고 보도했다.

1982년에 자동차 랠리에 참가한 마크는 사하라 사막에서 꼬박 엿새 동안 실종되었다. 이 소식을 들은 대처 여사는 불안과 걱정을 주체하지 못했다. 이 일로 그녀는 대중 앞에서 처음으로 눈물을 보였다. 대처 여사가 대중들 앞에서 눈물을 흘린 경우는 오직 두 번 있었다. 두 번째 눈물은 다우닝가 10번지 총리 관저를 떠날 때였다고 한다.

1987년에 영국 총선거가 열리기 전, 마크는 대처 여사의 홍보 비서에게 어머니가 총리직에 재임하는 것을 도우려면 자신이 무엇을 해야 할지 물었다. 비서는 마크에게 이렇게 충고했다.

"가능한 한 빨리 이 나라를 떠나시오."

'철의 여인'이 총리의 자리에서 물러난 뒤 더 이상 모친의 비호를 받을 수 없게 되자 마크의 사업도 연이어 실패에 부딪혔다. 1996

Margaret Hilda Thatcher

쌍둥이 자녀인 마크와 캐롤

년, 마크는 영국을 떠나 남아프리카 케이프타운으로 이민을 갔다. 그곳에서 구입한 호화 저택은 영국 왕세자비 다이애나의 오빠 스펜서 백작과 이웃하고 있었다. 사람들은 마크가 부친의 작위를 물려받은 뒤 가족과 함께 조용한 생활을 보낼 것으로 생각했다. 그러나 사실은 오히려 그 반대였다. 1998년 마크는 남아프리카 경찰로부터 본국 국방부와 공무원에게 고리대금을 빌려주었다는 의심을 받았다. 그 후 2004년 8월 25일 새벽, 마크는 남아프리카공화국 케이프타운 경찰에 의해 체포되었다. 그가 받은 혐의는 비록 미수에 그쳤지만 적도 기니Equatorial Guinea 대통령 테오도로 오비앙 은게마 음바소고Teodoro Obiang Nguema Mbasogo 정권을 타도하기 위한 쿠데타를 공모했고 반정부 무장 세력에게 자금실제로는 헬리콥터 한 대을 제공했다는 것이었다. 대처 여사는 아들의 무죄를 철썩 같이 믿었고 마크 역시 결백을 주장했지만 감옥행을 피할 수 없었다. 마크는 케이프타운 고등법원과 최종적으로 범죄 사실을 인정하기로 합의했다. 마크는 적도 기니의 쿠데타에 개입했음을 인정했고 법원은 그에게 300만 랜드(약 50만 달러)의 벌금, 4년 징역형과 함께 집행유예를 선고했다. 벌금을 낸 뒤 51세의 마크는 남아프리카를 떠나 미국으로 건너가서 가족과 상봉했다.

마크를 대했던 것과는 달리 대처 여사는 딸인 캐롤에게 매우 냉담했다. 그래서 모녀 관계는 그다지 좋지 않았다. 캐롤의 전 남자친구 조나단 에이트켄Jonathan Aitken은 영국 보수당 의원을 지낸 바 있으

Margaret Hilda Thatcher

며 1994년부터 1995년 사이 영국 재무부 1차관을 역임했다. 그가 최근 펴낸 회고록을 통해 세간에 알려지지 않았던 '철의 여인'의 가족 비화가 공개되었다.

에이트켄의 묘사에 따르면 대처 여사와 캐롤 사이에서 모녀지간에 흔히 볼 수 있는 친밀감을 찾아볼 수 없었다고 한다.

"두 사람의 관계는 무척 소원했고 가족 사이에 나누는 정겨운 모습을 보지 못했다. 캐롤은 어머니를 멀리서 바라보며 존경하는 데 익숙해져서 가까이 다가가지 못했다.

캐롤은 대처 여사의 정치적 업적에 대해서는 입이 마를 정도로 칭찬을 아끼지 않았다. 하지만 엄마로서의 역할에 대해서는 불만이 많아서 '철의 여인'을 앞에 두고 자기 생각을 직접적으로 밝혔다. "당신은 위대한 총리이지만 엄마로서는 형편없어요."

캐롤은 일부러 대처 여사를 난처하게 만들기도 했다. 이를 테면 대처 여사에게 쇼핑 상식이나 식품의 가격 등을 물었는데, 경제 문제를 해결하는 데 자신만만했던 대처 여사지만 딸의 질문에는 쩔쩔 맸다고 한다.

대처 여사는 모녀 관계를 개선해보고 싶었다. 캐롤이 에이트켄과 교제할 때 대처 여사는 에이트켄이 캐롤과 함께 스키 여행을 떠날 수 있도록 중요한 회의의 일정을 바꾸기까지 했다. 그러나 이런 노력으로도 모녀 사이의 거리를 좁히기 어려웠다.

마크가 많은 분란을 일으킨 것과 대조적으로 기자인 캐롤은 어머니 '철의 여인'의 용기를 고스란히 물려받았다. 2005년 그녀는 80세의 어머니에게는 알리지 않고 호주에서 열리고 영국 독립 방송국이 주최하는 야외서바이벌 프로그램에 참가했다. 그녀는 이 대회에서 다른 아홉 명의 참가자를 제치고 '정글의 여왕'이 되었다. 대회기간에 그녀는 벌레를 먹고 캥거루의 고환과 살아 있는 물고기 눈을 삼켰으며 뱀, 개구리, 쥐와 함께 생활해야 했다. 참가자들은 매일 정해진 테스트를 통과해야만 식사와 휴식이 주어졌다. 처음 52세의 캐롤이 이 대회에서 우승할 것이라고 예상한 사람은 많지 않았다. 하지만 그녀는 비범한 용기와 놀라운 의지력으로 모든 난관을 극복했고 결국 승리를 쟁취했다.

대회 결과가 발표되는 그날, 경미하게 치매를 앓고 있던 대처 여사는 TV에서 우연히 이 프로그램을 시청하다, 우승자가 자신의 딸 캐롤이라는 사실에 너무나 놀라서 하마터면 소파에서 떨어질 뻔했다. 대처 여사는 캐롤의 우승에 대해 몹시 기뻐하고 대견해했다. "딸이 우승하는 모습을 보자 그 무엇과도 비할 수 없을 만큼 자랑스러웠다. 나는 딸아이에게서 진정한 '철의 여인'의 정신을 발견했다."

대처 여사는 한 나라를 통치했고 국제 정치 무대에서 위세가 등등했다. 그러나 아무리 대단한 그녀라도 모든 일에 만능일 수는 없었다. 그녀는 성공한 정치가이자 한 나라의 총리였지만 어머니로서는 부족한 면이 있었다. 모든 일에 얻는 것이 있으면 잃는 것이 있

Margaret Hilda Thatcher

게 마련이다. 대처 여사는 자신의 인생을 선택했고 그에 대한 평가
는 사람마다 다를 것이다.

남편 데니스 대처와 딸 캐롤

자.유.롭.게.
사랑하고
치.열.하.게.
성공하라

지은이   왕카이린
옮긴이   정유희

이 책의 저작권 중개는 엔터스코리아 에이전시의 이은정이, 편집은 김문숙과 장인형이, 디자인은 노영현이, 출력은 달리는 거북이의 정보석이, 인쇄 및 제본은 영창인쇄의 박황순이, 종이 선택 및 공급은 대현지류의 이병로가 진행해 주셨습니다. 이 책의 성공적인 발행을 위해 애써주신 다른 모든 분들께도 감사드립니다. 틔움출판의 발행인은 장인형입니다.

초판 1쇄 인쇄 2012년 7월 31일
초판 1쇄 발행 2012년 8월 15일

펴낸 곳   틔움출판
출판등록   제313-2010-141호
주소   서울특별시 마포구 서교동 441-13 호원빌딩 4층
전화   02-6409-9585
팩스   0505-508-0248
홈페이지   www.tiumbooks.com

ISBN 978-89-964965-9-5 13300

Extraordinary People, Extraordinary Achievment by Wang Kailin
Copyright © 2009 by Huaxia Publishing House
All rights reserved.
Korean Translation Copyright © 2012 by TiumBooks
Korean edition is published by arrangement with Huaxia Publishing House
through Enters Korea Co., Ltd.

틔움은 책을 사랑하는 독자, 콘텐츠 창조자, 제작과 유통에 참여하고 있는 모든 파트너들과 함께 성장합니다.